马克思主义简明读本

社会主义五百年

丛书主编：韩喜平

本书著者：巩瑞波　王文奇

编委会：韩喜平　邵彦敏　吴宏政
　　　　王为全　罗克全　张中国
　　　　王　颖　石　英　里光年

吉林出版集团股份有限公司

图书在版编目（CIP）数据

社会主义五百年 / 巩瑞波, 王文奇著. -- 长春：吉林出版集团股份有限公司，2014.4（2019.2重印）
（马克思主义简明读本）

ISBN 978-7-5534-4091-0

Ⅰ.①社… Ⅱ.①巩… ②王… Ⅲ.①社会主义—政治思想史—研究—世界 Ⅳ.①D091.6

中国版本图书馆CIP数据核字（2014）第054303号

社会主义五百年
SHEHUI ZHUYI WU BAI NIAN

丛书主编： 韩喜平
本书著者： 巩瑞波　王文奇
项目策划： 周海英　耿　宏
项目负责： 周海英　耿　宏　宫志伟
责任编辑： 陈　曲　闫　言
出　　版： 吉林出版集团股份有限公司
发　　行： 吉林出版集团社科图书有限公司
电　　话： 0431-86012746
印　　刷： 北京一鑫印务有限责任公司
开　　本： 710mm×960mm　1/16
字　　数： 100千字
印　　张： 12
版　　次： 2014年4月第1版
印　　次： 2019年2月第3次印刷
书　　号： ISBN 978-7-5534-4091-0
定　　价： 29.70元

如发现印装质量问题，影响阅读，请与出版方联系调换。0431-86012746

序　言

习近平总书记指出，青年最富有朝气、最富有梦想，青年兴则国家兴，青年强则国家强。青年是民族的未来，"中国梦"是我们的，更是青年一代的，实现中华民族伟大复兴的"中国梦"需要依靠广大青年的不断努力。

要提高青年人的理论素养。理论是科学化、系统化、观念化的复杂知识体系，也是认识问题、分析问题、解决问题的思想方法和工作方法。青年正处于世界观、方法论形成的关键时期，特别是在知识爆炸、文化快餐消费盛行的今天，如果能够静下心来学习一点理论知识，对于提高他们分析问题、辨别是非的能力有着很大的帮助。

要提高青年人的政治理论素养。青年是祖国的未来，是社会主义的建设者和接班人。党的十八大报告指出，回首近代以来中国波澜壮阔的历史，展望中华民族充满希望的未来，我们得出一个坚定的结论——实现中华民族伟大复兴，必须坚定不移地走中国特色社会主义道路。要建立青年人对中国特色社会主义的道路自信、理论自信、制度自信，就必须要对他们进行马克思主义理论教育，特别是中国特色社会主义理论体系教育。

要提高青年人的创新能力。创新是推动民族进步和社会发展的不竭动力，培养青年人的创新能力是全社会的重要职责。但创新从来都是继承与发展的统一，它需要知识的积淀，需要理论素养的提升。马克思主义理论是人类社会最为重大的理论创新，系统地学习马克思主义理论有助于青年人创新能力的提升。

要培养青年人的远大志向。"一个民族只有拥有那些关注天空的人，这个民族才有希望。如果一个民族只是关心眼下脚下的事情，这个民族是没有未来的。"马克思主义是关注人类自由与解放的理论，是胸怀世界、关注人类的理论，青年人志存高远，奋发有为，应该学会用马克思主义理论武装自己，胸怀世界，关注人类。

正是基于以上几点考虑，我们编写了这套《马克思主义简明读本》系列丛书，以便更全面地展示马克思主义理论基础知识。希望青年朋友们通过学习，能够切实收到成效。

韩喜平

2013年8月

目　　录

引　言 / 001

第一章　空想社会主义的前奏与先声 / 004

第一节　神学禁锢下的乌托邦思想 / 004

第二节　平均主义的呐喊 / 011

第三节　空想社会主义 / 019

第四节　对空想社会主义的评价 / 027

第二章　科学社会主义的雷动与交响 / 032

第一节　早期的理论准备 / 032

第二节　科学发现与实践探索 / 036

第三节　科学社会主义的诞生 / 044

第三章　苏联的社会主义历程 / 052

第一节　列宁主义与苏联社会主义的初步探索 / 052

第二节 对战时共产主义模式的反思 / 057

第三节 苏联社会主义模式的成就与问题 / 063

第四章 世界社会主义运动的枝叶与果实 / 070

第一节 西方国家早期社会主义思想与运动 / 070

第二节 科学社会主义思想在多个国家结下果实 / 080

第三节 西方国家马克思主义政党及其活动 / 091

第五章 中国特色社会主义的根基与力量 / 108

第一节 马克思列宁主义在中国的传播
与中国共产党的诞生 / 108

第二节 社会主义在中国的伟大奠基 / 116

第三节 社会主义制度在中国生根发芽 / 123

第四节 中国特色社会主义理论体系的形成与发展 / 130

第五节 中国特色社会主义道路的开辟与拓展 / 143

第六节 中国特色社会主义制度的确立与完善 / 155

第七节 中国特色社会主义的光辉未来 / 169

引　言

如果把1516年英国托马斯·莫尔《乌托邦》一书的诞生看作是社会主义思潮的缘起，那么，社会主义思想已经在人类历史上经过了五百年的发展、演变和实践。如果把1848年马克思的《共产党宣言》看作是科学社会主义思想产生的标志，那么科学社会主义已经在世界近现代史上走过了165个春秋。如果把1978年改革开放决定的作出看作是中国特色社会主义发展历史的开端，那么中国特色社会主义也已经书写了35年的辉煌历史。

社会主义五百年的历史是从空想社会主义发端的，几百年中，乌托邦思想不断向神学禁锢发起挑战，平均主义、空想社会主义思想不断向社会呐喊，各种思想的碰撞奏响了社会主义的前奏。马克思在批判、继承和实践中创立了科学社会主义，是社会主义思潮交响曲的开端。列宁领导的苏联社会主义革命和建设实践创造了社会主义的辉煌，同时也经受了考验。很早就兴起的世界社会主义运动，是社会主义不可分割的枝叶，至今仍在持续。

到了近代中国，马克思主义的种子在中国广泛播撒，与中国的历史文化和具体实际发生了碰撞和融合，促使中国产生了马克思主义的政党——中国共产党。在马克思主义的指引下，中国人民经过艰苦卓绝的斗争，推翻了压在人民头上的"三座大山"，实现了中华民族的独立，建立了新中国。新中国伊始，以毛泽东为代表的中国共产党领导党和人民，在迅速医治战争创伤、恢复国民经济基础上适时提出党在过渡时期的总路线，经过社会主义改造，建立起社会主义基本制度，开辟了社会主义道路，实现了社会主义在中国的伟大奠基。

1978年以邓小平为代表的中国共产党作出了改革开放的历史性决策，开创和发展了中国特色社会主义。此后，江泽民和胡锦涛先后带领中国共产党拓展了中国特色社会主义道路，完善了中国特色社会主义制度，形成和发展了中国特色社会主义理论体系。

中共十八大以来，以习近平为代表的中国共产党的新一届中央领导集体锐意进取、苦干实干，积极坚持改革创新、凝聚中国精神，带领中国人民继续为全面建成小康社会、加快推进社会主义现代化不懈奋斗，继续朝着实现中华民族伟大复兴的中国梦不断前进，继续创造着中国特色社会主义的光辉未来，继续为全人类的解放、自由和全面发展贡献力量。

恩格斯说"社会主义自从成为科学以来，就要求人们把它当作科学看待，就是说，要求人们去研究它"，中共十八大以来，习近平先后两次讲到，坚持和发展中国特色社会主义需要从中国特色社会主义历史发展讲起。中共十八届三中全会作出了以"完善和发展中国特色社会主义制度"为总目标的全面深化改革的决定。所以，学习和研究社会主义五百年的发展历史，不仅可以明晰社会主义发展的历程和阶段，也可以梳理社会主义思想争鸣的历史，澄清理论和思想误区，对引领思想文化、提升理论修养、树立革命理想、全面深化改革大有裨益。

第一章　空想社会主义的前奏与先声

第一节　神学禁锢下的乌托邦思想

社会主义思想产生在欧洲，最早对空想社会主义作过描述的是英国人莫尔写的《乌托邦》以及之后的意大利人康帕内拉写的《太阳城》。17世纪英国资产阶级革命时期，以温斯坦莱为代表的掘地派，曾幻想通过集体开垦公有土地来实现他们原始的平均共产主义思想。

一、"羊吃人"时代的《乌托邦》

16世纪的英国正处在资本的原始积累时期。当时英国的纺织业较为发达，需要大批羊毛，因此绵羊饲养业极有利可图。于是，资产阶级和贵族地主相互勾结，将大批耕地变成牧场。他们用暴力强行剥夺已出租给农民的土地，用栅栏和沟渠把这些土地圈起来，变成牧场饲养绵羊。农民成群地被驱逐，他们的房屋被拆毁或烧掉。这就是英国历史上有名的"圈地运动"。它从15世纪70年代开始，到19世纪初结束，共持续了三百多年，使英国的农民遭受了前所未有的灾难。

当时担任伦敦市副执行官的莫尔，目睹这一悲惨情景，深表同情，在《乌托邦》中把这一现象比喻成"羊吃人"，并借游历家希斯拉德的口，谴责英国资产者的"圈地运动"。莫尔还思考了这种羊吃人的根源。他认为社会上一切祸患的根源是私有制的统治。他说："只有完全废止私有制度，财富才可以得到平均公正的分配，人类才能有福利。如果私有制度仍然保留下来，那么大多数人类，并且是最优秀的人类，会永远被压在痛苦难逃的悲惨重负下。"

值得一提的是，莫尔还设想了一个新月形的岛国——"乌托邦"，是由一个名叫乌托普的征服者在征服该岛之后命名的。乌托普使岛上粗野的居民变成了有文化、有教养的居民。在乌托邦岛上，莫尔设想了一种最完美的国家制度。它没有私有财产，全部土地都是公有财产，国家可将劳动力从甲地调配到乙地，对外贸易也由国家经营。可是，生产的直接组织者不是整个国家，而是城镇。家庭是基本经济核心。每人都要参加两年农业劳动，而且收获季节都要去进行农业劳动。家庭作业要在国家官员的监督之下，而家庭自己所生产的产品都交与国家。然后，每个公民从公共仓库或公共市场领得自己所需要的东西。

这种社会的全体官员一概由公民选举。教育设施也同样具有民主性质：一切儿童不分男女，都可以接受公共的教育。宗教信仰是自由的，而且摒弃了非人道主义的道德原则。莫尔这种鲜明的民主主义思想，在当时专制制度盛行的情况下是难能可贵的。

岛上有54个宏伟壮丽的城池。它们的语言、风俗、制度、法律都完全一样。城与城相隔不远，都有自己的管辖区，也都不扩张自己的边界。莫尔具体地描写了一个叫亚马乌提城的城市。这个城市建筑整洁、美丽，都是一式三层楼房，砖石结构，而且都有花园。居民住房每隔十年，抽签调换一次。"乌托邦"没有一个闲人，每个人都必须有自己的手艺，他们每天工作六小时，一天工作结束后有一个小时的娱乐活动时间，可以按照自己的爱好去选择，睡眠八小时，其余时间用在科学研究上，并且将研究的成果公之于众。乌托邦人生活朴素，不讲究吃穿；他们辛勤劳动，把时间花在有益的工作上；他们能节制消费，不会申请太多的物资；他们对病人、婴儿照顾周到；外出旅行也十分方便。总之，整个"乌托邦"就好像是一个大家庭。这个大家庭中的成员，道德行为是很高尚的，他们向往精神的快乐，而不是一味地追求物质的享受。莫尔设想的乌托邦里，有好人和恶人之分，也有简单的法律，法律同样是惩恶扬善的，但主要以帮助和教育为主。"乌托邦"从不同任何国家缔结条约，他们痛恨战争，但是，为了保卫本国的土地，驱逐入侵的敌人，也经常整军备战，择日训练。一旦战争发生，士兵勇敢作战，不怕牺牲，直至最后胜利。

莫尔借"乌托邦"发表了一番议论：这不但是最优秀的而且是唯一名副其实的国家。在"乌托邦"，私有制根本不存在，大家都热心公事。一切归全民享有，从来也没有人担心会缺乏什么必需的东西，他们只关心把公家仓库充实起来。这里没有物资分配不平均的现象，没有穷人，没有乞丐，虽然每个人一无所有，但大家却都很富足。

莫尔后来受封爵士称号，官至下议院议长、英国的大法官，成为自英王而下的第一位要人。但是，因为在对教会的政策等问题上多次和国王的意见发生分歧而被关进伦敦塔，在那里度过了一年多时间，最终于1525年7月7日被处死。但他的声名却在整个欧洲被人们传颂。他的《乌托邦》一书也对后世产生了很大的影响。人们把怀有"乌托邦"理想的人叫作"乌托邦社会主义者",即空想社会主义者。莫尔可以说是最早的空想社会主义者。

二、牢狱中的《太阳城》

在莫尔去世后半个多世纪,另一部空想社会主义的重要著作《太阳城》在意大利的监狱中问世了。

《太阳城》的作者名叫托马斯·康帕内拉,是僧侣出身,1568年生于当时被西班牙人统治的意大利。意大利在14世纪、15世纪经济就很繁荣,资本主义生产关系开始产生;它又是文艺复兴的发源地,欧洲人文主义的中心。康帕内拉青年时代在修道院钻研哲学和神学,受到进步思潮的影响。他的强烈的自由思想不仅在早期的著作中就表现出来了,而且还体现在他的行动上。16世纪末,他参加了反抗西班牙统治的斗争。康帕内拉提出建立一个统一的世界国家的思想,反对一切现存的政府,特别是西班牙政府。他在意大利喀拉布里亚地区宣传他的思想,并且积极密谋起义。但由于参加起义的人员成分复杂,他被叛徒告密遭到西班牙当局逮捕。尽管他免于一死,但康帕内拉在监狱中整整待了27年，受尽了各种残酷的囚禁和刑罚。在狱中，他坚持看书和进行写作，写出了许多重要的政治历史著作和优美动人的诗篇，《太阳城》就是其中的一部。

《太阳城》是一本用对话形式写成的书。它通过朝圣香客招待所的管理员和一位热那亚的航海家的对话，介绍了印度洋上一个虚幻的岛国——太阳城的情景，叙述了康帕内拉空想社会主义的方案。

航海家环球旅行，无意中来到了一个位于赤道的广阔平原，被一大群佩带武器的人带到太阳城。这个城建在山脊上，由七大行星命名的七个地区组成，四条大道构成了它们之间的交通网，东南西北各开一座门，这样便于防御敌人的进攻。走进城里，就像进入了一座宫殿，大理石的阶梯、华丽的回廊、优美的壁画，以及山顶的神殿。神坛上设置着一个混天仪，一个地球仪，挂着七盏金灯，象征着七颗行星永远照耀着神殿。

康帕内拉借航海家之口介绍了太阳城的政治制度。他们的最高领导人叫"太阳"，是所有人的首脑，一切问题和争端要由他作最后的决定。他下面有三位领导人："威力"、"智慧"和"爱"。"威力"管理和平与战争的一切事务，战时是最高统帅。"智慧"管理自由艺术部门、手工业部门和各种科学部门，领导相应的职员和科学家。"爱"掌管有关生育的一切事务，监督两性的结合，以便使后代成为最优秀的人。其他负责人都由这四位领导人选拔，并由相应的科学和手工业部门的领导人参加选派工作。这四位领导人则是选举产生的。"太阳"手下的三位领导人必须研究属于他们管理范围内的科学，而且还必须是哲学家、历史学家、政治家或物理学家。太阳城规定每月召开一次"大会议"，20岁以上的公民全体出席。每个人都有权对共和国的缺点和对政府负责人员工作的失误，提出批评意见。同时，每八天举行一次全体负责人会议。在太阳城，领导人就是法官。对于暴徒，如果是故意或预谋犯罪，可处以极刑。太阳城的法律简单明确，条文刻在铜板上，悬于神殿的大门口。

太阳城的人不大关心私有财产。他们在公有制度下，都是穷人，但同时又都是富人，因为大家公有一切。太阳城的人友爱团结，彼此帮助。太阳城的人没有家庭，男女根据体质、性格和自然的行为，在领导人命令下结合在一起，生下婴儿后按性别交给男老师或女老师抚育。如果违反规定，则要受到惩处，有的罚他把鞋挂在脖子上示众两天，以示其违背了自然法则。太阳城里，一切公职、艺术工作、劳动都由全体公民共同负担，而且每个人每天只工作四个小时，其余的时间都用来研究有趣味的学术，开座谈会、阅读、讲故事、写信、散步，以及做有益身心的体育活动，不允许玩赌博游戏。太阳城的人特别注意农业，决不荒废一寸土地。人人劳动，人人受到社会的尊重。

可见，《太阳城》中描写的一切尽管是空想的、虚构的，甚至有些是荒诞的，但毕竟有许多闪光的思想。《太阳城》在生产和分配的组织、行政管理等方面，完全不同于乌托邦。康帕内拉以自己独特的见解，创立了空想社会主义的另一种模式。

第二节　平均主义的呐喊

18世纪，平均共产主义理论在社会主义思想史上占有很重要的地位。它从18世纪中叶开始，发展到19世纪30年代。它的影响很大，常被称为是现代社会主义思想的起点。恩格斯也认为现代社会主义是它的理论原则"进一步的、似乎更彻底的发展"。

一、温斯坦莱与掘地派的理想

1649年4月1日，伦敦附近塞利郡的圣乔治山区，来了一群贫苦农民。他们搭起了茅屋，开垦荒地，先在山坡上种上了豆子和胡萝卜，还准备种谷物。不几天，垦荒的消息传开，远近闻名，参加者越来越多，几位知识分子模样的领头人，把大家组织在一起，过着共同劳动、共同吃饭的生活。后来，人们称这群共同以掘地为生的人为掘地派，由此而兴起的农民运动叫掘地派运动。几个月以后，正当他们在自己开垦的土地上收获辛勤劳动的果实时，附近一帮贵族地主、富农聚集一些暴徒，闯进山区，焚毁他们的茅屋和工具，掠夺他们的收获物。他们被迫暂时离开，而后又回到山区从头开始。他们的行动，得到了各地的响应，英国许多地方都发生了贫民掘地耕种的运动，出现了许多农业公社，这是一次原始的平均共产主义理想运动的尝试。

为这个运动提供理论根据，并进行呼吁宣传的是一个名叫温斯坦莱的人。温斯坦莱参加了掘地派的运动，并成为这一运动的领袖和思想家。温斯坦莱领导掘地派发表了《真正平均派的宣言》。宣言中明确提出：私有财产是一种诅咒，那些买卖土地和身为地主的人，他们不是靠压迫就是靠杀戮或偷窃的方法来得到土地的。宣言还强烈希望保持普遍自由，认为自由是我们的造物主赐给我们的天赋权利。这个宣言浸透了平均共产主义的理想。随后，温斯坦莱又写了《英国被压迫的穷人的宣言》《给议会和军队的新年礼物》等著作。在这些著作中，他揭露了统治集团对掘地派进行的非法的迫害：不通过法院，没有任何法律依据，依靠军队逮捕掘地派，赶走他们的牲口，毁坏他们集体劳动的一切果实。这些揭露没能遏止英国政府的暴行，英国政府血腥镇压了掘地派运动。

掘地运动失败后，温斯坦莱继续从事写作，发挥他的卓越思想。1652年出版了他最成熟的作品《自由法》。这部作品就其内容和意义来说，最可贵之处是，提出了把社会建立在共同使用土地和共享一切土地果实的基础上的方案，并且认定，建立这样的社会并不需要在遥远的将来，而是立即在英国就能实现。《自由法》共六章，着重表达了享有自由是人们的权利，而在温斯坦莱看来，真正的共和国的自由就是使用土地的自由。

为了保证真正的自由，温斯坦莱认为国家的管理制度要健全。真正的共和管理制度的所有公职人员都应该是选举出来的。他还鲜明地指出，旧的国王法律不能管理自由共和国，它对富裕的地主有利，而广大贫苦的农民却得不到自由。他希望废除传统的王法，确立正义和自由的法律。

掘地派的平均主义思想产生在17世纪的英国并不是偶然的。当时，英国资产阶级革命后，资产阶级和新贵族联盟掌握了政权，而在革命中起了重要作用的贫苦农民却一无所获，农民迫切要求解决土地问题。因此，掘地派运动具有明显的反封建、反资产阶级的性质，它在平均主义理想和农民铲除封建制度的愿望相结合的基础上，要求社会进行改革。

二、摩莱里、马布利的平均主义

18世纪的欧洲已进入"理性"的时代，启蒙思想家认为"一切都必须在'理性'的法庭面前为自己的存在作辩护或者放弃存在的权利"。梅叶、摩莱里、马布利正是在这样的思想浪潮中，经过理性反思，提出了平等主义思想。他们的共同特点是从"理性"出发，认为现存秩序不合理，不符合自然法则，私有制产生了一切罪恶和不幸。这是之前人类的愚昧造成的结果。他们认为，只要用理性的光芒照亮人们的心灵，就可以使人们过上合乎自然的理性生活。

他们的思想反映了广大下层群众对封建专制的不满,也反映了对正在成长的资本主义生产关系的不满。他们用宣扬关于道德行为规范的箴言,以虚构美好梦境的方式,描绘了理想社会的方案。摩莱里认为,私有制容易使人偏向掠夺,造成私欲、敌对、不平等等一切罪恶,最后,必将破坏公众利益。他主张消灭私有制,重建公有制。公有制是符合人类天性的制度。摩莱里规定了实现公有制为基础的共产主义社会的三条基本原则:(1)财产公有,什么东西也不应当被据为私有,但直接用于消费和生产的东西除外;(2)每个人都应为国家工作,靠社会供养生活;(3)每个公民都参加适于他体力、才能和年龄的劳动,以促进社会公益的不断增长。

马布利的重要著作有《就自然秩序提出的疑问》《论法制或法律的原则》和《论公民的权利和义务》等。他和摩莱里处于同一时代,基本思想大体相同。他也认为私有制不符合人的"本性",是造成一切社会罪恶、暴政和奴役的根源。马布利认为,人生来就具有理性,酷爱自由平等。大自然没有创造富人或穷人,没有创造特权的人,也没有注定一部分人应当成为另一部分人的统治者。

马布利描绘了自己的理想共和国:在这里,人人都是富人，人人都是穷人，人人平等，人人自由，人人是兄弟。这个共和国的第一条法律就是禁止财产私有。大家都把劳动果实送到公共仓库去，这些果实是国家的珍宝和每个公民的财产。家长们每年选出家政管理员，这些人员的职责是按照每个人的需要分配必需品，按照公有制对每个人的要求分配工作。但是，马布利又认为共产主义社会只是人类过去的黄金时代，而在私有制确定以后，再要建立共产主义只有采取一些改良措施，使社会在可能的范围内逐渐接近已经过去的黄金时代。

摩莱里和马布利是18世纪平均主义的主要代表。他们和早期空想社会主义相比，已经有了明显的进步。他们的平等要求已经不仅限于政治权利方面，而且扩大到个人的社会地位方面。他们的理论反映了不成熟的无产阶级要求摆脱剥削和奴役的愿望。但是，他们的理论具有明显的绝对平均主义和禁欲主义的特点。他们设想的未来的共产主义社会也是不切实际的幻想，与无产阶级群众的解放运动不可能产生任何联系。

三、巴贝夫、卡贝的平等思想

18世纪末的法国，爆发了一场平等派运动，在世界近代史上影响深远，也进一步发展了平等主义思想。

1796年，法国大革命爆发后，雅各宾专政失败、大资产阶级当政，格拉古·巴贝夫在巴黎郊外的工人和部队中进行宣传鼓动，建立秘密的革命组织。这个组织的核心叫平等会，它在社会下层中发展自己的成员，有极严格的纪律，入会时还要宣誓。他们散发宣言，运送枪支，进行秘密活动。这个组织的宣言就是著名的《平等派宣言》。它把一些空想的观念，变成了一种旨在立即推翻现存社会政治、经济制度的社会运动。

巴贝夫称自己理想的社会是"平等共和国"。他宣称：人人都有天赋的平等权利，享受大自然提供的一切财富；普遍负有从事劳动的义务，也普遍享有接受教育的权利；为了人类幸福，必须清除贫富悬殊的现象。他主张根据"共产主义原则"建立"全民公社"。公社依靠从敌人那里没收来的土地财产等巨大物质力量和政治上、经济上的优越性，排挤和消灭私有制，以掌握国家的全部经济。

巴贝夫主义者更直接提出，人民将夺取国库、邮局、政府大厦、所有国家和私人存放粮食或战争物资的仓库。正当他们通过起义法令号召人民投入战斗，积极准备武装起义的时候，一个军官叛变告密，巴贝夫和其他一些领导人被捕了。严刑拷打没有使巴贝夫屈服，更没动摇他的信念。他把审判法庭变成讲坛，提出自己的控诉，宣告："他是被压迫者利益的维护者，他死了以后会有别的人站到他的岗位上来。"人们发动起义和营救巴贝夫出狱的计划都没有成功。1797年5月28日，巴贝夫被处死。临刑前夕，巴贝夫自豪地说："我确信后世的公论一定会宣布我们无罪，并为我们加上花冠。"

巴贝夫的血没有白流。他的空想共产主义思想在法国甚至欧洲得到进一步发展；他的革命传统精神为法国人民和进步思想家所继承和发扬。19世纪30年代，法国革命形势高涨，人民群众一次又一次地举行集会和示威游行。1830年终于爆发了七月革命，推翻了复辟的波旁王朝。革命促进了工人政治觉悟的增长，也出现了以工人和手工业者为主体的秘密革命团体，继续宣扬平等派思想，其中颇有影响的是卡贝及其信徒。

卡贝写了一部著名的《伊加利亚旅行记》，卡贝在书中指出，建立一个共产社会，不可能靠暴力和强制一蹴而就，只能通过对公众的舆论、对全国人民进行劝导和说服，逐步地、渐进式地加以实现；要有一个过渡时期的政权。卡贝和他的信徒一直宣传这种空想的共产主义，并且效法一位空想社会主义小说家在小说中构想的模型，创办"伊加利亚"。因此，人们称卡贝的信徒为伊加利亚主义者。伊加利亚派共产主义者吸取了三大空想社会主义的合理的东西,并且大大超过了他们。但是,卡贝及其信徒片面地强调天才人物的作用,依赖人性的感化,看不到阶级斗争是历史发展的动力。

第三节 空想社会主义

一、圣西门的天才发现

圣西门出身于法国的名门贵族,16岁入伍,19岁赴美洲参加北美独立战争,后以上校军阶退伍。回到巴黎后的圣西门经历了法国大革命,并在革命的影响下放弃了贵族头衔。在家庭破产、生活穷困的情况下,圣西门发奋钻研科学,致力于社会的研究,创立了圣西门学说,成为杰出的空想社会主义思想家和"工人阶级的发言人"。他勤奋刻苦,写出了许多闻名于世的著作,其中重要的有《一个日内瓦居民给当代人的信》《人类科学概论》《关于社会组织的理论》《论实业制度》等。这些著作都围绕着"改造社会"这一主题,反映了他迫切要求改变不合理的社会现象,以及建立美好新社会的信念。

18世纪法国启蒙学者,常常把人类历史看作是许多事件的偶然巧合。而圣西门首先是在历史中寻找规律性。他认为人类社会的科学应该成为像自然科学一样严谨的科学。人们应该研究人类过去生活的事实，以便在其中发现其进步的规律。

圣西门提出了"人人应当劳动"的原则，他的学说的核心思想是：人的主要工作和义务就是劳动；在新的社会下，每个人只能按照他通过劳动对社会作出的贡献得到尊敬。圣西门的学说反对阶级斗争，拒绝政治；企图以空想的方法克服资本主义制度的无政府状态，而不触动它的基础。他希望通过阶级调和的道路，来实现自己的改革方案。早在1802年他在第一部著作《一个日内瓦居民给当代人的信》中就写道：为了创造人类幸福，他制定了一份计划，让每一个捐款人都说出三个数学家、三个物理学家、三个化学家、三个生物学家、三个作家、三个画家、三个音乐家的名字，由他们支配金钱，发展教育事业。他呼吁各门科学的学者，一致努力创建一种"人类科学"，并用他们的知识来增进人类的福利。圣西门幻想建立一个理性和永恒正义的王国——"实业王国"，实行实业制度，改造资本主义制度。在实业王国里，由国王主持，把国家管理权从贵族、军人、法律家手中拿过来，交给实业家。在这种制度中各企业主的私人利益在一定程度上服从于"共同"利益。人人劳动,这给群众、穷人会带来好处。他认为,统治者的领导工作必须符合被统治者的利益和意志。一句话,人民的幸福是社会组织独一无二的目的。

必须指出,圣西门的理想社会仍然保留私有制、企业主阶级。他从来没有说过生产资料的公有化。因此,严格地说,圣西门的学说不能说是社会主义,只是由于他批判资本主义,要改造资本主义制度,人们才称他是社会主义者。

总之,制定整个社会的工作计划,实行协作制,把国家变成生产组织,实施义务劳动,按才分组,由学者掌握精神权力,这一切就是圣西门空想社会主义的独特之处。

二、傅立叶走出"社会地狱"

如果说,圣西门在苦心思索一个人人平等、幸福的新社会,并设想了各种改革社会的方案的话,那么,傅立叶的许多著作则揭露并抨击了资本主义制度。他以辛辣讽刺的笔调,把资本主义社会的竞争、投机、欺诈等黑暗内幕暴露无遗。傅立叶把资本主义比作人类社会的地狱,他决心引导人们走出这个"社会地狱"。

那么,他是怎样发现这个"社会地狱"的呢?根据他的自述,是通过一只小小的苹果。故事是这样的:1798年或1799年,傅立叶从外省来到巴黎,在一家餐厅吃饭。吃完结账的时候,傅立叶大吃一惊:一个苹果竟然算了他14苏的钱。在外省,一个同样大小、同样质地的苹果,只要半个里阿尔就可以买到了,而1苏值4个里阿尔。这就是说,14苏在外省可以买120个苹果。首都和外省的地区差价竟如此悬殊?傅立叶开始怀疑这个社会制度,并从此着手探索。他说:这个苹果使他发现了一种"引力",这个"引力"比牛顿发现的万有引力更为重要。

其实,这件事引起傅立叶的注意并不奇怪。因为他出身于商人家庭,他中学毕业后就按照母亲的意志去经商。他勤奋好学,有敏锐的观察力。他白天为老板售货,晚上算账,夜里读书。他兴趣广泛、博览群书,有丰富的知识,因而大大提高了他分析问题的能力。他认为,在这种万恶的制度下,医生希望生病的人愈多愈好,生起病来病情愈重愈好,病期愈长愈好;建筑师希望每天失火,火烧得愈大愈好,烧毁一条街、半个城更好;律师希望家家打官司;玻璃商希望下冰雹,把所有的玻璃都打破……

他和圣西门一样,把法国大革命看作是"穷人对富人的战争";但是,他又坚决拒绝阶级斗争。他向富人呼吁,像举办慈善事业似的,用筹款的办法达到阶级调和,实现他的社会改革方案。傅立叶基本理论,是以一条心理学法则为依据的协作理论。他认为,人有各种性格和爱好,每个人有各种欲望,引诱他们去从事各种活动,即所谓"情欲引力",因而,要创造一种社会制度要使他们的欲望各得其所。比如,任何劳动者都不应该只从事一种工作,而应该从事多种工作,并且每一种工作都不应当持续过多,可以不断变换,以避免单调使人产生厌烦。这样使社会制度适应人类的实际欲望,就可以使社会"和谐"。他设计的"法郎吉"就是这样一种社会组织。他毕生想办"法郎吉"的移民区,但他没有钱,办不起来。晚年,他收集了很多富翁的名单,并从中挑选出四千人,希望在这四千人中,总有一人肯借钱给他。为此,他在住处的大门口贴上一个通告,约定每天上午作为会面时间。可是,等了十年,没有一个富翁到来。尽管如此,傅立叶依然是一位伟大的思想家,他还提出了一些前人所没有提出过的问题。比如,他第一个提出在任何社会中,妇女解放的程度是衡量普遍解放的天然尺度。

三、欧文和他的社会实验活动

近代三大空想家之一的欧文是英国人,少年时代就表现出非凡的组织才能以及深刻分析问题的智慧。他生活的时代是英国工业革命的早期:大工业刚刚出现,资本主义生产的发展,使社会迅速地分化出资本家和无产者,给劳动人民带来了深重的苦难。他看到贫富的对立,劳资之间的冲突,他同情生活贫困的工人,希望建立幸福、美满的理想社会,使工人摆脱贫穷。

欧文用自己的资产来实验,他来到被他称为"腐败气氛不那么严重的美国",花15万余美元在北美印第安纳州沃巴河畔的一块土地上买下了一个移民区,建立了第一个实验区,建成了一个"新和谐公社"。这是一个正规设计的村落,街道彼此垂直交错,中央有一个公共广场,周围有几座巨大的建筑物,以及许多住宅、工场和工厂。这块土地约有三万英亩,其中耕地约三千英亩,有19个农场以及很漂亮的果园。将近一千名成员在这里过着和谐的生活。他们劳动、学习,研究问题,畅谈未来的理想。这里没有剥削、压迫,商店供给居民一切必需品,药房免费配给药品,儿童免费受教育。公社采取过几种不同的管理形式，有时以全体大会为主要权力机关，六人委员会为执行机关的管理形式；有时也以创办人欧文个人负责并由他指定四个人管理的形式。

欧文学术界的朋友们来到"新和谐公社"，负责管理学校和学习机构，其中包括当时最伟大的美国动物学家托马斯·塞、著名的鱼类学家查尔斯·亚历山大·莱斯纽尔、地质学教授特鲁斯特、教育专家尼夫教授，等等。欧文对这个实验区充满了信心，认为这是可以达到他那空想社会主义的理性王国的途径。

然而，事实并不像欧文想的那么简单，成群结队的人前来，抱着各种目的、怀有各类动机。公社成分复杂，缺乏统一思想，又无完整的计划。公社逐渐人心涣散，一个个退出公社，经营小块土地、商店、工场等，一切公社的企业又成了私营。

但欧文不为失败而气馁。他把四个儿子留在美国继续实验。他自己回到英国伦敦又热情洋溢地办起了"公平劳动交换银行"，提倡以劳动价值为基础的交换。他的设想是：每一个生产者可以把自己生产的每一项有用物品带到和这个银行有联系的"劝业场"，换取银行发行的、在劳动时数上和自己物品的劳动时数相等的劳动券。劳动券持有者可以用这些劳动券购买劝业场拥有的、同样按生产所消耗的劳动量计值的其他物品。这样就取消了货币，按劳动价值进行交换，避免受剥削。然而，这显然也是行不通的，因为这在很短时期内便造成一些有用物品的短缺，而劝业场则堆满了无人需要的货物。

圣西门、傅立叶、欧文三大空想家的主要学说都有自己的特点。圣西门具有天才和博学的头脑，他奠定了后来的社会主义者几乎所有思想的基础。傅立叶对资本主义的批判特别出色，在他的著作中，几乎每页都有讽刺和批判的光辉思想。欧文的学说和他的活动，具有实践的性质，而且欧文主张废除私有制，主张人人都有劳动的平等义务和获得产品的平等权利。

我们把三大空想家的思想归纳起来，突出表现为两个方面：第一，揭露了资本主义制度的某些矛盾和罪恶现象；第二，设想了未来"理想"的人类社会，并且天才地预示了一些社会真理。他们的学说，为科学共产主义理论的诞生、为启发工人觉悟提供了极为宝贵的材料。但是，他们并不了解社会发展的客观规律，也不了解阶级斗争是历史发展的动力，幻想用和平的方法改造社会的理论显然是不成熟的。

第四节　对空想社会主义的评价

从莫尔的"乌托邦"一直发展到圣西门、傅立叶和欧文的学说，空想社会主义反映了底层劳动人民改变不平等社会状况的愿望和追求幸福的要求，以及对未来社会的展望。科学社会主义的创始人十分珍惜这份思想遗产，他们肯定了空想社会主义者的历史功绩，吸取并积极继承其中的合理因素，也明确指出了它的根本缺陷。

一、空想社会主义的历史功绩

第一，对资本主义剥削现象的深刻揭露和对资本主义制度的尖锐批判。他们用资产阶级革命后穷人陷于贫困和社会不平等状况加剧的残酷现实，对照资产阶级思想家革命前将资本主义社会理想化的狂热预言，不仅揭露了资产阶级御用文人粉饰剥削制度的虚伪性，而且剖析了资本主义制度是所有罪恶现象的根源。指出资本主义生产的状态造成生产和消费的失调；鞭挞资本主义的利己思想使支配一切社会阶级中人与人之间的关系成了纯粹的金钱关系；揭示资本主义制度是一种新的压迫制度，是一种复活了的奴隶制；提出必须消灭资本主义制度才能解救苦难中的无产阶级。

第二，对未来社会的设想和描绘，包含着许多积极的见解和天才的预测。这些精彩的思想有：消灭私有制，实行公有制；生产的目的是满足广大人民群众的物质和精神生活的需要；政治的主要职能是对物的管理和对生产过程的指导，对人的管理将退后到从属的地位，国家将趋于消亡；劳动将由痛苦和谋生的手段转变为生活的第一需要；他们还提出了消灭旧的分工制度和城乡对立的方案，主张教育与生产劳动相结合，对儿童实行公共教育以及实现妇女解放、和平外交等一系列设想。可以毫不夸张地说，后来社会主义各国在建设社会主义过程中所采取的种种方针政策乃至具体措施，几乎都可以从空想社会主义的"设计"中找到原型。

第三，空想社会主义中的巴贝夫、欧文等，还分别通过实验示范或暴力革命的形式，不畏困难地实践着他们的理论主张。尽管他们的实验和斗争均失败了，但却启迪和鼓舞了工人阶级和劳动人民。

第四，在总体唯心史观上还具有唯物主义和辩证法的因素。比如，对资本主义经济有相当深刻的观察、研究和体验，对资本主义制度下物质文明的成就给予较高的评价。又如，指出人类社会历史是一个有规律向前发展的过程，资本主义社会只是一个暂时的、过渡的阶段，它必将为社会主义所取代。

二、空想社会主义的历史局限性

空想社会主义的缺点在于带有虚幻和空想的性质。他们企图建立"人人平等，个个幸福"的新社会。这些思想对启发和提高工人觉悟起了重要的作用。但是空想社会主义只是一种不成熟的理论，反映了正在成长中的无产阶级最初的、还不明确的愿望。他们不能揭示资本主义的根本矛盾和发展规律，不懂得阶级斗争，不认识无产阶级的历史使命，所以他们的社会主义只能是一种无法实现的空想。当无产阶级成长为独立的政治力量，就需要有一个建立在科学基础上的革命理论来代替它。

第一，社会历史观总的来说是唯心主义的。他们对资本主义的批判只是从理性出发，认为资本主义制度的不合理性是因为它不符合人的理性，他们对社会主义的肯定不是因为它是资本主义高度发展的必然产物，而仅仅是因为社会主义是不依赖时间、空间和人类社会历史发展的绝对真理的体现，是人类理性和社会正义的体现。由于从根本上脱离了社会物质生活条件，无视社会物质动因在社会历史发展中的基础地位，终究无法正确揭示人类社会发展的基本矛盾，更无法据此揭示资本主义社会的基本矛盾。这就决定了他们的思想学说不可能成为指导社会主义实践的科学思想武器。

第二，不了解无产阶级的历史地位和所承担的历史使命，始终无法找到埋葬资本主义社会、实现社会主义理想的真正可靠的社会力量。在他们看来，工人阶级仅仅是需要同情和怜悯并等待别人去帮助和搭救的受苦阶级，不懂得无产阶级就是旧世界的掘墓人和新世界的创造者，而把社会变革的希望寄托在少数人身上。有的把希望寄托在当时的统治者身上，欧文就曾向英国维多利亚女王、沙皇尼古拉一世、美国总统、法国临时政府、英国议会求援，希望他们能协助建设共产主义社会。有人认为革命成功的必要条件是少数人的密谋和突袭，比如闵才尔、巴贝夫。空想社会主义蔑视群众，否定工人阶级的历史，不仅使他们的理论丧失了群众基础，成为空中楼阁，也使他们的学说越来越脱离实际斗争，最后丧失了自己的生命力。

第三，不了解阶级和阶级斗争，不懂得阶级斗争是阶级社会发展的动力，因而无法改变资本主义社会现状的正确道路。他们制订了改造资本主义社会的方案和未来理想社会的美好蓝图，有的人还为社会改造的实验作出了毕生的努力，他们的方案尽管内容详尽、细节周密，却都以超越阶级对立的全人类共同利益的代表自居，反对阶级斗争和工人阶级革命，这就决定了他们不可能从根本上代表工人阶级的愿望和要求，找到改造社会的正确途径。

总体来说，空想社会主义家们没有摆脱宗教、阶级和历史的束缚，他们还看不到无产阶级的历史进展，继续宣扬脱离现实的空想计划，鼓吹通过宣传和细小的试验来实现社会主义。圣西门主义者在他们的会议上制订出各种庞大的、不切实际的公共事业计划，其中不仅包括开凿苏伊士运河和巴拿马运河，而且要在全世界修筑铁路网，以便使全人类在科学家的领导下统一起来。

第二章　科学社会主义的雷动与交响

第一节　早期的理论准备

马克思主义的产生离不开客观的社会历史条件，同样也离不开一定的思想理论条件。列宁指出："马克思主义这一革命无产阶级的思想体系赢得了世界历史性意义，是因为它并没有抛弃资产阶级时代最宝贵的成就，相反却吸收和改造了两千多年来人类思想和文化发展中一切有价值的东西。"马克思主义是对人类在19世纪所创造的优秀成果——德国古典哲学、英国古典政治经济学、英国和法国社会主义学说的继承和超越。

德国古典哲学产生于18世纪末到19世纪初，其奠基者是康德，其后经过费希特、谢林等人的发展，由黑格尔集其大成。黑格尔哲学的巨大功绩，就是在人类认识史上，在唯心主义形式中第一次把整个自然的、历史的和精神的世界描写为一个过程，并企图揭示这一运动和发展的内在联系，从根本上动摇了长期以来支配人们形而上学思维方式的统治，奠定了辩证思维方式代替形而上学思维方式的基础。但是，黑格尔辩证法存在着严重缺陷：第一，他的辩证法是唯心主义辩证法。第二，他的辩证法是不彻底的辩证法。德国古典哲学的另一位哲学家费尔巴哈则通过对宗教神学和唯心主义的批判，从根本上动摇了唯心主义的统治地位，恢复了唯物主义的权威。但是，费尔巴哈哲学不仅抛弃了辩证法，坚持形而上学，在历史观上也仍然坚持唯心主义。另外，法国复辟时期的历史学家梯叶里、米涅、基佐等人考察了阶级斗争发展的历史，强调阶级斗争是理解中世纪以来法国历史的钥匙，是社会历史发展的动力。这些有价值的思想，构成了马克思主义关于阶级和阶级斗争理论乃至唯物史观的重要理论来源。

英国古典政治经济学产生于17世纪中叶，完成于19世纪初。其最主要的代表人物是英国的亚当·斯密和大卫·李嘉图。古典经济学适应新兴资产阶级发展资本主义生产的要求，研究了资本主义生产关系的内部联系，提出了一些科学见解，在一定程度上分析了资本主义经济的运动规律。

亚当·斯密第一次把以前的经济知识归结为一个统一和完

整的体系并加以丰富和发展。斯密最主要的经济学代表作《国民财富的性质和原因的研究》(即《国富论》)是英国古典政治经济学的划时代巨著。亚当·斯密强调劳动是国民财富的源泉，并认为增加国民财富要靠两种方法：第一是提高工人的劳动生产率，第二是增加生产工人的人数。同时，他第一个提出了劳动是财富的源泉的观点，他认为财富的源泉是一切人类的劳动，是社会总体形式的劳动或作为社会分工的劳动，分工是提高劳动生产率的基础。他的这一理论具有二重性，即一方面认为商品的价值决定于生产商品所必要的劳动量，另一方面又认为商品的价值决定于可以购买到商品的活劳动量，这就混淆了两种价值的规定。

　　大卫·李嘉图作为英国古典政治经济学的最后的代表，他的经济学理论基础是劳动价值论。他强调政治经济学的主要任务是阐明和研究财富在社会各阶级间分配的规律，他认为全部价值都是由劳动产生的，它在三个阶级（劳动者、资本所有者、土地所有者）之间进行分配。工资由工人必要生活资料的价值决定；利润是工资以上的余额；地租是工资和利润以上的余额。由此阐明了工资和利润的对立，工资、利润和地租的对立，触及到了资本主义社会阶级对立的经济基础。他还论述了货币流通量的规律，对外贸易中的比较成本学说等。在他的《政治经济学及赋税原理》一书中，建立起了以劳动价值论为基础，以分配论为中心的理论体系。他坚持商品的价值由生产中耗费的劳动决定的原理，批评了亚当·斯密价值论中的二元观点。他第一个提出了决定价值的劳动不是实际的个别劳动而是社会必要劳动，他还指出了决定商品价值的不仅有直接投入生产的活劳动，还有投入在所耗费的生产资料上的劳动。

尽管古典经济学包含着"极有天才的思想"，但它终究是资产阶级思想体系，它不可能彻底地揭示资本主义生产方式的内在矛盾，不可能揭示资本主义制度产生、发展和必然灭亡的客观规律性。即使是他们理论中最精华的部分也存在许多严重错误，存在许多他们无法解决的矛盾。马克思、恩格斯批判地继承古典经济学并且建立了系统、完整、科学的无产阶级政治经济学，深刻地揭示了资本主义经济运动的规律，正确地说明了资本主义必将被社会主义、共产主义代替的历史必然趋势。

总之，德国古典哲学、英国古典政治经济学、空想社会主义者的学说代表了人类在19世纪初期的先进思想，体现了当时的时代精神，尽管它们由于历史和阶级的局限，存在着种种缺陷，并在时代变化的新条件下走向了历史的反面，但作为人类思想中的优秀遗产，它们为人类最先进的思想体系——马克思主义的创立提供了前提条件和直接的理论来源。

马克思和恩格斯对空想社会主义等学说采取了严肃的科学态度。马克思和恩格斯以唯物史观和剩余价值学说作为创立科学社会主义正确的世界观和方法论，继承并超越空想社会主义，实现了社会主义从空想到科学的伟大飞跃。他们没有简单地斥之为反动，一概地加以否定与抛弃；而是对于他们学说中的一些合理成分，哪怕是极细小的部分，也都认真地加以吸取。这也告诉我们，马克思、恩格斯之所以成为科学社会主义的创始人，是批判地吸取了人类的思想成果的结果。

第二节 科学发现与实践探索

任何理论都不是凭空产生的，都有其产生的历史背景和社会条件，马克思主义理论也不例外。在马克思的时代，资本主义的发展不断激化社会矛盾，也还深刻地挑战着人类既有的思想。在这种状况下，为了适应时代发展的需要，特别是无产阶级革命斗争的需要，马克思主义应运而生。

一、社会历史发展的必然

任何时代都有其现实问题。19世纪40年代，资本主义经济得到了巨大的发展，同时也激化了资本主义的基本矛盾。这就是当时的现实问题，马克思主义理论就是为了解决这个时代问题而产生的。

第一，资本主义经济的发展为马克思主义的产生提供了经济和社会历史条件。早在14世纪末15世纪初，资本主义的生产关系在西欧封建社会内部已开始孕育成长。从18世纪下半叶到19世纪上半叶，是资本主义经济迅速发展的黄金时代，是资本主义生产力飞速发展的时期。正如马克思和恩格斯所言："资产阶级在它不到一百年的阶级统治中所创造的生产力，比过去一切世代创造的全部生产力还要多、还要大。"资本主义生产力的高度发展带来了两方面的社会后果。

一方面，生产力的巨大发展促进了新兴资本主义制度的确立和巩固。这不仅表现为生产技术发生了飞跃，而且表现为以机器大生产和雇佣劳动制度代替了封建社会古老、陈旧的生产方式，引起了生产方式的巨大变革，推动了近现代工业文明的发展，从而把资本主义的发展推到一个新阶段。资本主义社会化大生产引起的生产关系和社会关系的急剧变革，充分显示了社会历史发展的客观辩证法，表明了任何一种社会制度都是历史的范畴，它的存在是暂时的、相对的和有条件的，这也在客观上打破了以往占统治地位的形而上学和唯心主义的历史观。

另一方面，生产力的巨大发展又使资本主义生产方式所固有的矛盾，即社会化大生产和生产资料的资本家私人占有形式之间的矛盾进一步激化和暴露出来。这一矛盾具体表现在两个方面：一是资本主义企业内部生产的有组织性和整个社会生产无政府状态之间的矛盾；二是资本主义生产在剩余价值规律支配下具有无限扩大的趋势与广大劳动群众的购买力相对缩小的矛盾。资本主义生产力和生产关系之间矛盾的激化，最终必然导致经济危机的周期性爆发。从1825年英国爆发第一次全国性经济危机开始，以后每隔十年左右经济危机就周期性地重复一次，而且越往后危机爆发的频率越快，周期越短，波及范围越广，破坏性越大，影响程度越深。经济危机的这些特点表明，资本主义制度无法解决其自身所固有的生产社会化与私人占有之间的矛盾，资本主义生产关系已经容纳不下日益增长的生产力了。

第二，无产阶级反对资产阶级的斗争，要求有科学理论的指导，这是马克思主义产生的阶级基础。周期性的经济危机又引发并加剧了资本主义社会的两个最基本阶级——无产阶级与资产阶级之间的阶级矛盾的对立和斗争。无产阶级反对资产阶级的斗争经历了一个从自发到自觉、从单纯的经济斗争向政治斗争转变的过程。这是由资本主义经济发展状况和无产阶级自身的成熟程度决定的。最初的斗争，只是分散地和自发地进行的，斗争的目标只是实现提高工资、改善劳动条件等经济方面的要求，并没有明确的政治目的，斗争的方式也只是捣毁机器、破坏工厂等。随着工业革命广泛深入地发展，随着资本主义工厂制度的建立和工业中心城市的形成，工人阶级的组织性、觉悟性和战斗性也得到了迅速提高。无产阶级反对资产阶级的斗争，也逐渐发展为有组织的、联合的、反对整个资产阶级的政治斗争。19世纪30年代至40年代爆发的法国、英国、德国工人的三大起义，标志着现代无产阶级作为独立的政治力量已经登上了历史舞台。但是，由于没有革命理论的指导和无产阶级政党的领导，工人的几次起义均以失败告终。这就迫切需要总结和升华无产阶级在长期斗争实践中积累的丰富经验，形成科学的世界观对现存社会进行革命改造的系统理论，用以指导无产阶级的解放斗争。

二、自然科学的进步

欧洲自然科学的发展为马克思主义的产生提供了自然科学基础。随着资本主义生产方式在欧洲占据统治地位,资产阶级要求发展经济,也要求发展科学。"知识就是力量"表达的正是这一时代资本主义对科学知识的基本需要。

欧洲自然科学的发展也经历了一个漫长的过程。欧洲近代自然科学从15世纪后半期开始,它的发端主要是知性思维的确立,即分门别类的研究方法。这种研究方法是近代自然科学取得巨大成就的基本条件。但是,这种研究方法也逐渐使人们形成一种习惯,即用孤立、静止的方法观察事物,后来由英国哲学家培根、洛克把这种自然科学在一定发展阶段上运用的研究方法移植到哲学领域,就造成了西方近代哲学中形而上学占统治地位的局面。

从18世纪末到19世纪初,自然科学的研究进入到各部分之间的联系和发展阶段。特别是细胞学说、能量守恒和转化定律、生物进化论这三大发现,有力地揭示了物质世界的各个要素之间的相互联系和相互作用。恩格斯指出:"由于这三大发现和自然科学的其他巨大进步,我们现在不仅能够指出自然界中各个领域内的联系，而且总的说来也能指出各个领域之间的联系了，这样，我们就能够依靠自然科学本身所提供的事实，以近乎系统的形式描绘出一幅自然界联系的清晰图画。"自然科学的发展，有力地打破了唯心主义和形而上学的自然观，为马克思主义科学世界观的产生提供了自然科学的基础。

三、工人运动的推动

任何一种社会思潮或者理论都是在一定社会条件下产生的，科学社会主义作为无产阶级解放运动的理论表现，其根源深藏于资本主义生产方式这种物质的经济事实中。它是资本主义机器大工业迅速发展和工厂制度正式确立的产物。

英国是资本主义发展最典型的国家。从18世纪60年代开始到19世纪30年代末40年代初，工业革命基本完成，它标志着资本主义生产从手工工场阶段向机器大工业阶段过渡的结束。从此，以蒸汽机为动力的大机器，逐渐取代了笨重的手工劳动，工厂制度代替了手工工场，劳动生产率获得极大提高，社会生产力得到飞速发展。继英国工业革命之后，法国自19世纪初也开始了工业革命，1825年以后，机器生产逐步代替了手工劳动，工厂代替了手工业作坊。在英、法两国的影响下，长期处于落后状态的德国开始了工业革命,资本主义经济在工农业中逐渐发展起来。

伴随大机器的普遍采用和工厂制度的确立,资本主义生产越来越社会化,同时生产资料也越来越集中在少数资本家手中。于是,资本主义社会的基本矛盾,即生产社会化和资本主义私人占有之间的矛盾愈发明显地暴露出来。资本主义社会基本矛盾的日益尖锐,导致周期性经济危机的不断爆发。在危机中,不仅有很大一部分产品被毁掉,而且有很大一部分已经产生的生产力也被毁掉。它清楚地表明,资本主义生产关系已经变成生产力进一步发展的桎梏,社会化生产排斥私人占有,要求生产资料公有制与之相适应。它为人们认识资本主义制度的本质及其为社会主义制度所代替的客观必然性提供了可能。

随着资本主义大工业的出现和发展,现代无产阶级产生并壮大起来。无产阶级同资产阶级的对立,伴随着社会基本矛盾的发展而日趋尖锐。从19世纪30年代起,无产阶级反对资产阶级的斗争,进入独立的政治运动时期。在这一时期中,影响最大的革命事件有:1831年到1834年法国里昂工人的两次武装起义;1836年到1848年英国工人的大宪章运动;1844年德国西里西亚纺织工人的武装起义。

1831年11月21日，里昂丝织工人举行罢工示威，当遭到军警镇压时，终于爆发了起义，并取得了胜利。由于工人在政治上还不成熟，起义很快被镇压下去。1834年4月9日，里昂工人举行了第二次武装起义，提出了争取民主共和目的的口号，使起义具有鲜明的政治性质。它虽然得到法国一些重要城市工人的积极支持，终因寡不敌众而悲壮地结束。

1836到1848年间，英国工人发动了全国性的争取政治权的大宪章运动。1837年，"伦敦工人协会"起草了致国会请愿书，提出了争取普选权等六点要求。1838年5月8日，请愿书以法案形式公布，号召人民在《人民宪章》上签字。国会否决了请愿书，并用暴力镇压了宪章运动。1842年，英国工人掀起了第二次宪章运动的高潮，向国会递交了第二个请愿书。请愿书再次被否决，宪章运动又一次被镇压。1847到1848年，宪章运动出现第三次高潮。工人群众举行了大规模的示威游行，提出了建立共和的要求。不久，国会第三次否决了请愿书，宪章运动以失败告终。

1844年，德国西里西亚纺织工人的起义，把无产者的革命斗争推进到一个新的阶段。6月4日，工人捣毁了工厂主的住宅和厂房，销毁了账簿和财产契据，同镇压起义的军队展开了斗争，终因力量对比过于悬殊，起义被镇压下去。这次武装起义虽然失败了，但他们的斗争目标明确地对准了资本主义剥削，尖锐地提出了消灭资本主义私有制这个根本问题。

近代欧洲三大工人运动充分说明，当资产阶级和封建主争夺政权的斗争尚未结束的时候，无产阶级已经成为斗争的第三个战士了。尽管这些斗争还带有自发的性质，但它毕竟标志着无产阶级作为独立的政治力量已经登上历史舞台，无产阶级同资产阶级的矛盾在欧洲发达国家已经上升为社会的主要矛盾。科学社会主义理论产生的阶级基础已经具备了。无产阶级斗争的急剧发展，迫切要求科学世界观的指导，要求把社会主义从空想发展为科学。

第三节　科学社会主义的诞生

一、对资本主义社会的批判

19世纪初，为了指导革命运动，马克思针对当时欧洲各种机会主义思潮和资产阶级的私有制思想，深入研究了政治经济学，对资本主义展开了批判。

资本主义取得统治地位以后，作为统治阶级以议会制度为基础，通过政党制度和选举制度控制议会掌握国家立法权，同时，组织政府掌握行政权，即形成了以议会制、普选制、政党制为三大支柱的资产阶级政治制度。马克思、恩格斯对资本主义政治制度的分析和批判主要集中在对其基本的政治制度的论述和宏观层面的把握。

（一）对资本主义议会制度的批判

马克思曾一针见血地指出，资产阶级利用议会制进行政治统治，一旦无产阶级和劳动人民行使超过资产阶级所能允许的范围，资产阶级共和国就会暴露出自己的真正面目来，并毫不客气地以步兵、骑兵、炮兵来代替"自由、平等、博爱"。马克思和恩格斯认为资本主义议会制的实质是反人民的，"对国民议会来说，人民是不存在的，因为在议会的生活中找不出人民生活的反映"。

（二）对资本主义选举制度的批判

马克思、恩格斯肯定了选举是具有普适性意义的政治形式，但资产阶级民主是虚伪的民主。资产阶级对选举资格作出种种限制，"其目的是蓄意不让工人阶级参加选举，使工人阶级仍旧处于目前这样的政治上的'贱民'地位"。这样，普选权也就成了空谈，选举制也就失去了意义。

（三）对资本主义政党制度的批判

马克思、恩格斯对政党制度的评论主要针对英国和美国政党的分析和批判。马克思、恩格斯分析指出："在英国，至少在正在争统治政权的政党中间，在辉格党和托利党中间，是从来没有原则斗争的，它们中间只有物质利益的冲突。"恩格斯形象地称英国两党制是"使资产阶级统治永存而轮班执政的两个旧政党的跷跷板游戏"。

（四）对资本主义意识形态的批判

马克思认为，资本主义社会的文化现象是资产阶级意识形态的现实延伸，发挥着维护资本主义制度的作用。马克思的意识形态批判是与历史唯物主义的形成密切相关的，可以说，马克思意识形态批判道路就是历史唯物主义形成的过程。马克思、恩格斯的意识形态批判，从狭义上说包括对德意志意识形态的批判、对一般意识形态的批判以及对各种空想社会主义的批判；而从广义上说，除了狭义批判的内容外，还包括对人性和劳动异化、物化和商品拜物教的批判。在马克思看来，资产阶级政治经济学是用理论去掩盖资本主义社会中生产关系的不合理性，掩盖其剥削无产阶级的事实，把资本主义社会描述为自由、平等、博爱的乐园。马克思指出，资产阶级国家的意识形态如法律、道德等，作为资产阶级意识形态家的精神产物，不过是掩盖资产阶级利益的资产阶级的偏见。

马克思不但指出了资产阶级意识形态的虚假本性，还指出一定时期内通过革命消灭旧的意识形态环境才能彻底消灭这种虚假的意识形态，"从人们意识中消除这些观念，就要靠改变了的环境而不是靠理论上的演绎来实现"。

二、科学社会主义理论体系的形成

科学社会主义是马克思、恩格斯在继承历史优秀思想，对资本主义社会和制度进行反思和批判后提出的科学的、宏大的理论体系。在马克思、恩格斯的众多著作中都闪耀着科学社会主义的光芒，其中最为著名的当属《共产党宣言》。

《共产党宣言》阐述了资本主义社会的产生、发展规律和历史趋势，以及无产阶级的历史使命和共产党人的战略和策略等。正如列宁所说："这部著作以天才的透彻而鲜明的语言描述了新的世界观，即把社会生活领域也包括在内的彻底的唯物主义、作为最全面最深刻的发展学说的辩证法，以及关于阶级斗争和共产主义新社会创造者无产阶级肩负的世界历史性的革命使命的理论。"

共产主义不是某个天才头脑的偶然发现，也不是什么合乎"人类天性"的理性王国，而是资本主义生产方式矛盾运动的必然结果，是无产阶级和资产阶级斗争的必然产物。在资本主义制度下，周期性经济危机的爆发和整个社会生活的动荡不安，表明资本主义的生产关系已经不适合生产力的发展。只有建立一种全新的社会组织，即同社会化大生产相适应的共产主义制度，才能给生产的社会性以充分发展的自由。因此，资本主义的灭亡和共产主义的胜利都是不可避免的。

共产主义社会赖以确立的物质前提，是资本主义所造成的高度发达的社会生产力，即通过资本主义商品经济的充分发展，达到高度社会化的生产。"每一历史时代主要的经济生产方式与交换方式以及必然由此产生的社会结构，是该时代政治的和精神的历史所赖以确立的基础，并且只有从这一基础出发，这一历史才能得到说明；因此人类的全部历史（从土地公有的原始氏族社会解体以来）都是阶级斗争的历史，即剥削阶级和被剥削阶级之间、统治阶级和被统治阶级之间斗争的历史；这个阶级斗争的历史包括有一系列发展阶段，现在已经达到这样一个阶段，即被剥削被压迫的阶级（无产阶级），如果不同时使整个社会一劳永逸地摆脱一切剥削、压迫以及阶级差别和阶级斗争，就不能使自己从进行剥削和统治的那个阶级（资产阶级）的奴役下解放出来。"

共产主义的宗旨是废除私有制，消灭人对人的剥削，消灭一切阶级对立和阶级差别，并使国家归于消亡，从而使整个社会永远从剥削、压迫和阶级斗争中解放出来。到了那个时候，代替那存在着阶级和阶级对立的资产阶级旧社会的，将是这样一个联合体，在那里，个人的自由发展是一切人的自由发展的条件。人才在一定意义上最终地脱离了动物界，从动物的生存条件进入真正人的生存条件。

共产主义经济形态的基本特征是：（1）在社会化大生产的基础上，社会全体成员共同占有全部生产资料，共同参加劳动和对生产的管理。全体劳动者在社会生产体系中处于同一地位，全社会构成了一个统一的经济主体；（2）社会生产完全由计划来控制和调节，每一个人的劳动已经成为直接的社会劳动，每一件产品中所包含的社会劳动量，可以直接用劳动时间来确定，而不需要通过价值的迂回曲折的途径；（3）社会对产品实行直接分配，不必借助货币交换。人们通过劳动时间的有计划的分配，调节各种劳动和各种需求的适当比例，劳动时间又是计量劳动者在共同生产的消费品中所占份额的手段。

无产阶级为了实现共产主义而采取的手段，就是进行暴力革命，第一步是使无产阶级上升为统治阶级，取得民主。马克思、恩格斯指出，无产阶级革命要取得胜利，首先必须形成无产阶级的先锋队组织——共产党来组织和领导工人运动。为了说明共产党与其他工人政党的区别，他们首次全面阐述了马克思主义的建党纲领：共产党是无产阶级的先锋队组织，由无产阶级中最坚决、最先进的分子所组成，始终站在工人运动的最前列。共产党是无产阶级利益的根本体现者。党的指导思想原则，决不是以这个或那个世界改革家所发现或发明的思想、原则为根据的，而是无产阶级反对资产阶级的阶级斗争以及无产阶级争取人类解放的革命运动经验的科学总结。

但共产主义不是无产阶级推翻资产阶级统治以后就能实现的，必须经过一个过渡时期才能到达共产主义。这将是新条件的漫长发展过程，是把环境和人都完全改变的历史过程。在这个过程中，将会不断地遭到既得利益和阶级自私的反抗，因此，无产阶级必须通过阶级斗争，经历阶级斗争的几个不同阶段，才能消灭一切阶级，从而消灭一切阶级统治。在这个时期，无产阶级还需要国家。这个国家只能是无产阶级的革命专政。无产阶级将运用自己的国家政权，镇压剥削阶级的反抗；

夺取资产阶级的全部资本，把一切生产资料首先集中在国家手中；按照新的方式改组经济，组织社会；并且尽可能快地增加生产力的总量。

共产主义社会的发展将区分为成熟程度不同的阶段。它的第一阶段，在各方面都还带着它脱胎出来的那个旧社会的痕迹；它的高级阶段则是在自身基础上已经发展起来的社会。在第一阶段，消费资料的分配只能实行"等量劳动交换"的原则，也就是调节商品交换的同一原则。由于生产者的权利是和他们提供的劳动成比例的，而人与人之间在体力、智力和家庭人口方面又不尽相同，所以也就还存在着富裕程度的差别和事实上的不平等。只有到了共产主义社会的高级阶段，才能完全超出资产阶级权利的狭隘眼界，社会才能各尽所能，按需分配。

总之，科学社会主义的思想是通过分析无产阶级和资产阶级的对立与冲突，阐述共产党人理论和实践纲领的形式表现出来的，实现了理论与实践的统一，革命性和科学性的统一，认识世界与改造世界的统一。尤其是《共产党宣言》的发表，表明马克思主义已经成了无产阶级认识世界改造世界的武器，成了工人阶级进行解放斗争的指南，标志着马克思主义的公开问世，也实现了对科学社会主义的精辟阐释。

第三章 苏联的社会主义历程

苏联的社会主义革命是社会主义理论变为现实的重要创举。苏联十月革命的一声炮响，开辟了人类历史新纪元，开启了一个全新的社会时代，社会主义进入一个快速发展的时期。但新事物的发展从来都不是一帆风顺的，新生的苏维埃政权在面对国内国际严峻的形势与挑战下，积极采取措施，使得苏联社会主义国家在短期内取得了资本主义国家在长期努力下才取得的成就。然而，随着执政党对社会主义认识的错误及产生的错误路线，最终导致苏东剧变的悲惨结局，这需要世界上其他社会主义国家吸取经验和教训。

第一节 列宁主义与苏联社会主义的初步探索

列宁，1870年4月10日出生于俄国伏尔加河畔的辛比尔斯克，原名弗拉基米尔·伊里奇·乌里扬诺夫。列宁的父亲是一位具有民主主义思想的教育活动家，哥哥亚历山大因参加谋刺沙皇而被处死。在家庭的影响下，列宁对民主思想、人民解放思想理解颇深，也树立了为人类最伟大事业奋斗的决定。1892年，他开始涉猎马克思主义读物并将《共产党宣言》译成了俄文。1895年，列宁在彼得堡创立了"彼得堡工人阶级解放斗争协会"。这年年底，他再次被捕入狱，经过14个月的狱中生活后，于1897年被流放到西伯利亚。在西伯利亚的3年中，他开始使用"列宁"这个笔名，出版了《俄国资本主义的发展》一书。1903年7月，俄国社会民主工党在布鲁塞尔召开代表大会，会上形成了以列宁为核心的布尔什维克。布尔什维克及其思想体系的产生，标志着列宁主义的形成。在此后列宁领导的革命战争及其不断发展完善的列宁主义对俄国十月革命的推动及社会主义的建设具有重要意义。

列宁主义是马克思主义与19世纪末20世纪初帝国主义和无产阶级革命时代国际共产主义运动尤其是俄国工人革命运动相结合的理论结晶，是列宁探索由俄国革命带头实现世界共产主义的思想体系，它常常和马克思主义一起合称为马克思列宁主义。列宁主义内容丰富，思想深刻，其帝国主义论和建党理论最具有代表性。

首先，列宁的"帝国主义论"全面透彻地分析了帝国主义的矛盾、特征与本质，揭示了帝国主义产生、发展和必然灭亡的规律。首先，列宁全面揭示了帝国主义的基本经济特征。列宁认为"应当给帝国主义下这样一个定义，其中包括帝国主义的如下五个基本特征：（1）生产和资本的集中发展到这样高的程度，以至于造成了在经济生活中起了决定作用的垄断组织；（2）银行资本和工业资本已经融合起来，在这个'金融资本'的基础上形成了金融寡头；（3）和商品输出不同的资本输出具有特别重要的意义；（4）瓜分世界的资本家国际垄断同盟已经形成；（5）最大资本主义大国已把世界上的领土瓜分完毕"。

其次，列宁指出了帝国主义的经济实质。列宁指出："垄断代替自由竞争，是帝国主义的根本经济特征，是帝国主义的实质。"从经济上来看，帝国主义是资本主义发展的最高阶段，即这个阶段的生产已经达到巨大的甚至是极为巨大的规模，导致垄断代替了自由竞争。帝国主义的经济本质就在于此。垄断既表现为托拉斯、辛迪加等，也表现为大银行的庞大势力、原料产地的收买和银行资本的集中等。一切都归结于经济垄断。"帝国主义就其经济实质来说，是垄断资本主义。"

帝国主义国家在国内和国际所形成的垄断生产关系，就是帝国主义的经济实质。垄断的统治加深了资本主义的基本矛盾以及其他各种资本主义所固有的矛盾。这里包括帝国主义国家同殖民地、半殖民地、附属国之间的矛盾；帝国主义国家之间的矛盾；垄断组织和非垄断组织的矛盾；垄断组织之间的矛盾等。正是这些矛盾决定了帝国主义国家对内压迫剥削和对外侵略、掠夺和战争。

第三，在马克思主义政党学说体系中，列宁关于党的建设理论占有特别重要的地位。列宁的建党学说形成和发展于十月革命前后两个不同的时期。列宁把马克思、恩格斯的建党学说同俄国的实际相结合，在批判俄国的民粹派、经济派和孟什维克等机会主义错误观点的基础上，写下了《怎么办》《进一步、退两步》《社会民主党在民主革命中的两种策略》和《唯物主义和经验批判主义》等著作，为建立新型的工人阶级政党奠定了思想基础和理论基础。其主要内容包括：（1）党必须有自己的纲领和章程。一个政党"如果没有正式规定的党章，没有少数服从多数，没有部分服从整体，那是不可想象的"。工人阶级要推翻反动阶级的统治，建设新社会，必须有统一的目标、统一的思想、统一的组织、统一的行动。（2）党是以马克思主义理论武装起来的先进部队。"没有革命理论，就不会有坚强的社会党。""只有以先进理论为指南的党，才能实现先进战士的作用。"（3）党是工人阶级有组织的部队。工人阶级政党是一个统一的整体。党只有结成统一思想、统一行动、统一纪律的有组织部队时，才能团结和领导工人阶级和广大劳动群众战胜强大的资产阶级。（4）党是工人阶级组织的最高形式，但这并不是说它可以脱离群众组织。相反，党必须密切联系群众，依靠群众，取得群众的支持和信任，才能实现其正确领导。

作为一个伟大的马克思主义者，列宁根据新的实践积极进行探索，把马克思主义基本原理同苏联的实际情况相结合，在马克思主义党的学说史上，第一次精辟地阐述了执政党建设的理论，从而把马克思主义党的学说推向了一个新的发展阶段。列宁关于无产阶级执政党建设理论对政党建设有指导作用。其主要观点有以下四个方面：第一，执政党要把经济建设放在首位。第二，执政党必须坚持党在国家生活中的领导地位。第三，执政党必须要求共产党员努力学习马克思主义理论和业务知识。第四，执政党要善于纯洁自己的队伍。俄国共产党在取得政权后，为了提高党员质量，纯洁党的队伍，根据新时期的历史任务的需要和加强自身建设的需要，俄国共产党在列宁的正确领导下，曾几次开展清党工作。

第二节 对战时共产主义模式的反思

十月社会主义革命发生在俄国这样一个小农经济占主体、生产力落后、经济文化发展极不平衡的国家，这与社会主义理论的奠基人马克思、恩格斯原来的设想有很大的不同。如何建设社会主义，列宁在十月革命后短短六年多时间里，对这一历史性课题进行了艰难而勇敢的探索。从战时共产主义的实践到新经济政策的探索，列宁对社会主义的认识不断深化，在社会主义建设问题上提出了一系列崭新的论断，留下了丰富的理论遗产；同时，他立足现实、勇于探索和开拓进取的科学态度和科学精神，也为社会主义者树立了光辉的榜样。

十月革命胜利后，列宁开始了在俄国建设社会主义的伟大探索。列宁曾经把这种探索比喻为"攀登一座还没有勘察过的非常险峻的高山"，在十月革命前，列宁就开始了对这个问题的思考。当时，列宁是这样描绘未来的社会主义社会的：将大银行、大工厂、土地收归国有，使全体居民都加入消费公社，利用银行等现代化管理机构，对产品的生产和分配实行最严格的计算和监督，使全社会变成一个劳动平等、报酬平等的大工厂，使全体公民都成为全民的、国家的职员和工人。

十月革命胜利后，年轻的无产阶级政权在列宁领导下，经过工业国有化、土地改革、镇压反革命、签订《布列斯特和约》退出第一次世界大战，为苏维埃俄国赢得了一个短暂的喘息时机。这期间，列宁开始着手按照自己的设想规划俄国的社会主义建设。他说："我们布尔什维克已经说服了俄国。我们已经夺回了俄国——为了穷人，为了劳动者，从富人手里，从剥削者手里夺回了俄国。现在我们应当管理俄国。"开始，列宁曾经设想除了把那些对国计民生具有重大意义的私人企业改造成为国营企业外，其余的私人企业则通过国家的统计和监督的办法逐步地进行改造。但是，社会主义建设的初步计划还来不及全面实施，欧洲战场上的炮火尚未停息，协约国就迫不及待地亲自发动了对新生的苏维埃政权的武装干涉。

在帝国主义支持下，苏俄国内的各种反革命势力也纷纷发动叛乱。叛乱灾祸殃及西伯利亚、伏尔加河流域和俄国中部地区，其中罪魁祸首有贝加尔湖以东的谢苗诺夫，北高加索和顿河地区的邓尼金与克拉斯诺夫。白卫军和外国干涉军勾结一起，摧毁当地苏维埃政权，建立反革命的白卫政府，残害革命人民。

1918年7月29日，列宁深刻地分析了苏维埃面临的形势并指出"不管我们愿意不愿意，问题就是这样摆着。我们正处在战争状态，革命的命运就取决于这场战争的结局。"为了适应这种战争局面，苏维埃政权逐步形成了后来被称为"战时共产主义"的体制。主要体现在实行余粮收集制；禁止贸易；经济实物化；加速工业的国有化和工业管理的集中制等具体方面。这些政策发挥了一定积极作用，但从根本上说，"战时共产主义政策"违背了建设社会主义的客观规律，造成了消极的影响。尤其是建立在不等价交换基础上的"余粮收集制"近乎对农民的无偿剥夺，严重损害了农民的自身利益，挫伤了农民的生产积极性，引起了农民的强烈不满。另外，"战时共产主义政策"取消私人贸易、禁止商品流通、实行国家贸易垄断的做法，割断了工农业之间的联系，影响了日用消费品和生产资料的正常供应，不利于生产的发展。

三年的国内战争取得胜利后，苏俄国内仍面临着严重的危机，国民经济几乎完全崩溃。经济的破坏导致国内主要工业部门工人人数锐减，与此同时，工人阶级的力量也日益分散。许多工人在前线牺牲；许多工人因工厂停工，生活无着落而向农村倒流；还有相当一部分工人，由于物质生活困苦对苏维埃政府产生不满情绪。国内危机的出现固然同战争的破坏有关，但是同布尔什维克党当时实行的"战时共产主义政策"也有密切联系。针对当时的情况，列宁勇敢地接受实践的检验，他指出"战时共产主义"是战争和经济破坏的环境下迫使苏俄实行的，它应该只是一种临时的办法。

在1921年3月召开的俄共（布）第十次代表大会，根据列宁的提议，决定立即废止"战时共产主义"政策，开始了从战时共产主义政策向新经济政策的伟大转变。"新经济政策"主要包括以粮食税代替余粮收集制；以市场为取向，利用商品、货币关系；正确看待和利用资本主义等基本内容。

20世纪20年代，世界上第一个社会主义国家苏联建立之后，在列宁领导下进行社会主义建设总共有6年的时间。前三年，由于国内的复杂情况，列宁急于通过战时共产主义政策直接过渡到社会主义。后三年，列宁在总结实践经验及教训的基础上，制定了符合落后国家国情的"新经济政策"，初步探索出了间接过渡到社会主义的新路子。"新经济政策"的主要精神是，列宁认为苏俄从资本主义到社会主义的过渡时期相当长,"新经济政策"至少要执行25年。在这期间要大力发展市场经济,利用商品、货币关系,逐步消除自然经济、半自然经济,允许资本主义成分有一定的发展,逐步扩大社会主义的阵地,最终战胜资本主义。

在"新经济政策"的实施过程中,尤其是在这项政策实施的后期,列宁建设社会主义的思想发生了较大的转变,对社会主义的认识也有了飞跃和升华。这些认识概括起来有以下几个方面:

第一,对商品货币关系的全新认识。认识到商业是沟通工业之间的渠道,是俄国向社会主义过渡的中心环节;认识到国营企业必须实行商业化原则,严格进行经济核算;认识到货币的本质是社会财富的结晶,也是社会劳动的结晶,货币对建设社会主义有重要作用;认识到要尊重价值规律的作用。

第二,对合作制的全新认识。"新经济政策"实施以后,国家对合作社进行了改革,将其由过去的半行政机关变为真正商业性质的组织。这种合作社在推销产品、供应生产资料等方面都给农民提供了极大的便利,并且可以大大节约流通费用。合作社社员还可以带股入社,按股金分红。由于这种合作社适应了小商品生产者的需要,受到广大农民的欢迎。

第三，对小农经济的全新认识。认识到俄国小农经济在整个国民经济中占绝对优势。因此，如何处理与小农的关系，如何对待小农经济，是一个关系到整个社会主义建设的全局性问题。在"新经济政策"实行之前，列宁把建设社会主义经济建立在与小农经济对立的基础上，将小生产的自发势力看作是无产阶级推翻资产阶级后最主要、最危险的敌人。"新经济政策"则坚持从农民国家、小农经济占优势的实际出发，不再试图采取排斥、限制甚至消灭小农经济的办法，而是通过支持和适应小农经济的办法，在小农生产力提高的基础上来恢复和发展大工业，调动了农民的积极性，国民经济也得到了较快的发展。

第四，对资本主义与社会主义两种关系的全新认识。列宁认识到：在一个商品经济尚未充分发展的国家，不进行商品生产就不能提高社会生产力；不提高社会生产力，就不能建立和巩固社会主义的经济基础；没有坚实的经济基础，新生的无产阶级政权就无法维持下去。从而使他在看到资本主义与社会主义对立斗争一面的同时，也将注意力放在了两者的统一性的一面上。这使他在思想上、策略上摒弃了把社会主义与资本主义割裂开来和完全对立的旧观念，提出了资本主义和国家资本主义是小生产走向社会主义的"桥梁"和"中间站",以及要利用资本主义的一切优秀成果为社会主义服务;利用资本主义的目的不是为了走向资本主义,而是为了最终战胜资本主义的新思想。

第三节 苏联社会主义模式的成就与问题

苏联社会主义模式是指苏联社会主义革命和建设的道路,指苏联的社会主义实践。由于苏联社会主义实践主要是在斯大林领导下进行的,而斯大林去世后一直到1985年3月戈尔巴乔夫上台,苏联基本上沿袭了斯大林创建的社会主义基本制度和具体体制,所以,苏联社会主义模式又被称之为斯大林模式。

苏联模式作为人类历史上第一个社会主义模式,它的形成标志着一种新的社会经济形态的诞生。在一定的历史阶段,它的确发挥了巨大的历史作用,取得了一系列的成就,但由于苏联社会主义模式本身存在的诸多问题,也是最终成为导致苏联解体的重要根源。从苏联社会主义模式取得的成绩来看,首先,它巩固了苏联社会主义的成果。按照马克思、恩格斯的设想,社会主义应该发生在西方的发达国家。然而,由于资本主义进入了帝国主义阶段，由于资本主义发展不平衡的规律作用的结果，出现了帝国主义链条上的薄弱环节，尤其是由于帝国主义战争的爆发，使俄国国内出现了大好的革命形势，列宁领导俄国布尔什维克党通过十月革命夺取了政权，开创了人类历史上社会主义的新纪元。列宁逝世后，斯大林在没有国外革命形势的条件下，坚持走社会主义道路，提出了一国建成社会主义的理论；并且在实践上用行政命令的办法建立起了社会主义的基本制度；坚持了十月革命的道路，巩固了社会主义成果。

其次，建成了社会主义强国。十月革命前的俄国是一个经济、技术、文化都十分落后的农业国，现代化的大工业只占国民经济的10%左右。国民收入人均值相当于英国的1/6，法国的1/4，有3/4的人口是文盲。在这样的基础上建设社会主义是不可能的。另一方面，战争的阴影一直笼罩在苏联的头上。因此，实现工业化、建成强大的现代化国家就成为当时苏联的头等大事。斯大林在困难的形势下，提出了优先发展重工业，通过超高速实现工业化的发展道路。由于高度集中的模式有利于集中全国的人力、财力、物力用于工业化的发展，因此，在1929年至1937年间，苏联工业以每年20%的平均增速向前发展。这一发展势头与当时普遍陷入萧条的资本主义相比，显示出了巨大的优越性。通过短短的两个五年计划，苏联工业总产值就一跃位居欧洲第一，世界第二。与此同时，苏联的教育、科技、文化事业也取得了巨大的成就。1949年研制成功了第一颗原子弹，打破了美国的核垄断，1953年研制成功了氢弹，又率先实现了载人宇宙飞行。苏联模式作为一种集中动员型体制，在一定时期适应了当时的需要，大大提高了苏联的综合国力，使苏联成为唯一能与美国相抗衡的超级大国。

再次，为打败法西斯做出了贡献。苏联高度集中的体制有利于迅速转入战时体制，有利于迅速动员人力、财力、物力支援前线。在战争爆发后，苏联快速实现了工厂及人员自西向东的搬迁，共有1500多个企业和1000万人口实现了迁移，之后迅速开展生产，这样就保证了战时物质需要，更不用说在这一体制下高速度工业化所打下的坚实的物质基础。

但苏联模式的问题与弊端在历史的发展进程中也已经不断显现。苏联把计划与市场对立起来，又把计划简单地归为指令性计划，使计划具有了法律的性质。整个国民经济的管理实行行政管理。一切都依靠行政系统、行政手段，对微观经济统得过死，企业的产供销、人财物全由上级主管部门说了算。企业成了整个国家的一个生产车间。这一方面造成了上级机关的官僚主义，瞎指挥，另一方面造成了企业的消极被动，丧失了积极性、主动性、创造性；形成吃大锅饭的现象，造成效益低下。同时，由于否认价值规律的作用，造成生产不计成本，造成高消耗、低产出，原材料、能源大量浪费。

在政治上，高度集中的体制助长了官僚机构的膨胀和人浮于事。社会生活的国家化及其国民经济的行政管理方式，使官僚机构不断膨胀。苏联的部级单位，在列宁时期为13个，斯大林时期增加为68个，赫鲁晓夫时期曾将其削减50%，但到其下台前又增加到71个，而到勃列日涅夫时期，更发展到110个。部门的增加和人员的膨胀，导致了腐败现象的出现和官僚主义的增长。再加上干部制度缺乏民主，实行委任制，形成了干部只向上负责，唯上是从，趋炎附势，投机的风气，一味讨上级的欢心，而置人民的利益和要求于不顾。

苏联模式中高度集中的政治体制最大的弊端就在于压制了广大人民的积极性、主动性和历史首创精神。一切都需要来自上级的指示，人民成了被动的无足轻重的小螺丝钉。总之，苏联模式属于一种动员型体制，缺乏一种内在的动力和活力。如果说在短时期内靠动员起来的群众热情可以取得革命和建设的辉煌成就的话，这种高涨的革命热情一旦冷落，这种体制也就失去了内在的动力。而长期无视环境和条件的变化，一味固守旧有体制，随着原有体制能量的耗尽，它在发展经济、创造奇迹方面的功能就会逐步减弱。

进入20世纪70年代以后，苏联经济增长速度慢慢减缓。勃列日涅夫时期被称为苏联的停滞时期。苏联社会主义的光辉日益褪色。这种现象的产生，就在于苏共把在一个特殊条件下产生的模式看成社会主义唯一正确的模式，把它神圣化，并固守这一模式，拒绝针对它随着时代变化凸现出来的弊端进行改革，造成了这种模式的僵化。20世纪80年代末90年代初的东欧剧变与苏联解体，使苏联的社会主义模式走向了终结，也给世界上其他社会主义国家提供了经验和教训。今天，我们重新回顾苏联模式与苏联的社会主义道路，应该给出公正而客观的评析。

首先，苏联模式是人类历史上建立一种全新社会形态的第一次完整尝试。正如婴儿学习走路迈出的第一步，尽管摇摆、趔趄，甚至可能摔跤，但这毕竟是有质的飞跃的一步。苏联模式作为一种全新社会的第一个实现形式，没有现成经验可循，完全是一种全新的探索，出现失误、形成的模式不完善是情理之中的事情。

其次，苏联模式是在特定历史条件下产生的，因而必然带有它的时代特点和民族特色，甚至领袖人物的个人印记。从客观条件来讲，它不是在西方发达国家产生的，而是发生在经济文化比较落后的俄国。在这样的条件下，进行社会主义社会的建设肯定面临着更为复杂的问题和困难，由此产生的社会主义模式肯定会与马克思基于发达国家的设想有所不同。同时，这一模式又是在资本主义的包围之下，资本主义随时准备消灭新生的苏维埃政权，战争日益临近的情况下产生的。这样就使苏联国内上下有一种强烈的危机感和紧迫感。因此，采用备战体制，优先发展重工业成了当时苏联全国一致的共识。只有这样才能建立起社会主义强大的工业基础。这种形势需要有全国思想、政治、行动上的高度统一，需要有高度集中的权力来促成这种统一。

再次，这种模式也深受俄国政治经济文化和传统的影响。在那个时代的马克思主义者心目中，社会主义就是无市场、无商品、实行统一的计划经济。认为资本主义生产的动力是追求利润的最大化，而社会主义则是追求最大量的产品，即使以亏损为代价也在所不惜。斯大林曾认为，苏联企业为了保证自己的发展既不需要最大限度的利润，也不需要平均利润率，可以只限于最低限度的利润,有时甚至没有任何利润。这是当时人们普遍接受的观点,因而,苏联社会主义经济发展不计成本,粗放经营,单纯追求高速度,用行政命令推动经济发展就没有什么不可理解的。此外,这一模式是在斯大林手中推行并形成的,而且它本身也留下了深深的斯大林的个人烙印。

第四章　世界社会主义运动的枝叶与果实

第一节　西方国家早期社会主义思想与运动

20世纪上半叶是革命和战争的时代，世界各国人民在俄国十月革命的感召下，纷纷掀起了反帝国主义、反殖民主义、反封建主义的武装斗争。工人阶级和以马克思主义为武装的各国工人阶级政党在这些斗争中发挥了巨大的作用。尽管革命斗争的结果不尽相同，不尽如人意，但是工人阶级和马克思主义还是展示出自身在20世纪的先进性。

一、对马克思历史唯物主义的捍卫和发展

在马克思主义的发展过程中，西方国家出现了一系列对马克思主义理论进行捍卫和发展的人物，其中的代表性人物包括弗兰茨·梅林、克拉拉·蔡特金、普列汉诺夫等。

梅林1846年2月27日出生于德国波美拉尼亚的一个中产阶级家庭。德国和国际工人运动的著名活动家，德国社会民主党左派领袖和理论家，历史学家和文艺评论家，德国共产党创始人之一。

梅林的代表性著作是《马克思传》。在这部书中，梅林以马克思生平的伟大的革命实践，叙述了马克思在共产主义者同盟的创立和活动中所起的重大作用。著作还详细地记载了第一国际建立的历史，从而通过这些历史事实有力地证明了：马克思、恩格斯是科学共产主义创始人，是国际无产阶级伟大的导师。同时，也证明了马克思主义是无产阶级解放斗争的科学，是指导国际工人运动的强大思想武器。

在马克思主义发展史上，反击各种非马克思主义思潮的进攻一直是马克思主义理论发展中的重要力量。从19世纪80年代开始，由于一些资产阶级理论家对马克思主义发动了一场大规模的理论批判，第二国际时期的马克思主义者不得不围绕"如何理解马克思主义""什么是正统的马克思主义""如何捍卫马克思主义"等问题展开批判与反批判的理论斗争。这其中，弗兰茨·梅林对马克思主义理论特别是历史唯物主义的捍卫，构成了第二国际反批判的重要成果。梅林认为，企图把历史唯物主义还原到纯粹的自然唯物主义上的观点，显然是被马克思所批判的对象。人的本质并非是他的自然属性所决定的，而是由他的社会属性所决定的。从这个角度看，马克思显然不能把纯粹的自然条件、气候或种族等因素作为历史唯物主义的基本规律。否则，不仅违背马克思的本意，甚至违背了康德对自然必然性和自由规律之间的本质差别。从而实现了"保卫马克思主义"和"发展历史唯物主义"的双重效果。

克拉拉·蔡特金1857年7月5日出生于德国萨克森的一个乡村教师家庭。早年对女权运动怀有强烈兴趣，后来逐渐以妇女解放运动的革命家身份加入到了无产阶级运动和国际共产主义运动队伍。1889年第二国际召开了巴黎大会。在这次会议上，她提议将劳动妇女的解放同无产阶级的阶级斗争联系起来。1907年8月17日，第一次国际社会主义妇女代表会议在德国斯图加特举行。在本次会议上蔡特金当选为国际妇女书记处的书记。这次会议以后，各国妇女运动的涓涓细流开始汇入国际大潮之中。1910年8月26日至27日，国际社会主义妇女二大在丹麦的哥本哈根召开。参加的代表来自17个国家，共100多人。在这次会议上，根据书记处书记蔡特金的倡议，通过了将3月8日定为国际劳动妇女节的决议。这一决议，极大地促进了欧美国家妇女运动的广泛开展，也极大地唤起了广大劳动妇女的政治热情。1933年6月20日，蔡特金在莫斯科附近的阿尔汉格尔斯科耶花园逝世。

克拉拉·蔡特金在领导无产阶级国际妇女运动的过程中，在理论上取得了重大突破。几十年的革命斗争生涯当中，她在德国社会民主党、第二国际、德国共产党和共产国际的各种会议上作过多次关于无产阶级妇女解放运动问题以及反法西斯主义的报告和演讲，同时主编过多种刊物和报纸等媒体，在这些报刊上发表了大量的理论文章。以此为基础，为无产阶级妇女解放的各种组织提供了纲领性文件。她还完成了《大学生和妇女》《妇女及其经济地位》《脑力无产阶级、妇女问题和社会主义》《只有联合无产阶级妇女，社会主义才能胜利》《列宁给全世界妇女的遗训》等一系列专著的写作。这些理论成果在丰富马克思的无产阶级革命理论以及其后的国际共产主义运动理论方面做出了重大的贡献。

普列汉诺夫1856年生于坦波夫省的古达洛夫卡。1881年底普列汉诺夫着手翻译《共产党宣言》，1882年，他所翻译的《共产党宣言》出版，并由马克思为之作序。次年，他在日内瓦组建了劳动解放社。该解放社成为19世纪晚期俄国马克思主义的领导中心。期间，普列汉诺夫完成了具有代表性的几部著作：《社会主义和政治斗争》（1883年）、《我们的意见分歧》（1885年）、《论一元史观的发展》（1895年）、《唯物主义史论丛》（1886年）。普列汉诺夫被誉为"俄国马克思主义之父"。他的重大功绩在于使马克思主义在俄国的知识界取得了支配地位，并提出坚持革命必须分进行反对沙皇制度和封建残余的民主革命和社会主义革命两个阶段进行的构想。

普列汉诺夫首次把马克思的思想表述为"辩证唯物主义"。他认为这种辩证的和唯物的方法阐明并统一了一切知识，包括经济学、艺术、历史唯物主义等。他相信以辩证方式加以运用的"经济决定论"是一种完美的世界观，因而强烈反对任何用其他哲学要素来"改良"马克思主义的企图。

二、西方国家社会主义革命实践运动

（一）芬兰1918年革命

芬兰长期受沙皇统治，俄国十月革命后芬兰也获得了独立，成为资产阶级共和国。1917年11月底，芬兰工人以苏俄为榜样，举行总罢工，一星期后，罢工转为武装起义。1918年1月28日，工人赤卫队占领了赫尔辛基。1月29日，成立了苏维埃政权。革命政府对内对外采取了许多革命措施，例如监督私人银行、没收逃亡业主的企业、实行土地改革等。但是，被打跑的资产阶级并不甘心自己的失败，他们以芬兰北部为基地，组织自卫军，挑起内战，并在德国、瑞典的反动军队和俄国自卫军的支援下于1919年2月向革命政府发动了进攻。芬兰的工人阶级和赤卫队进行了英勇的战斗。由于力量悬殊以及社会民主党的背叛，这次革命最终在1918年5月初在自卫军和德国、瑞典干涉军联合进攻下失败了。

第二次世界大战期间，北欧各国的命运各不相同。芬兰在战争中站在法西斯列强集团的一边，1944年9月才退出战争。根据芬兰同苏、英两国签订的合约，芬兰国内的法西斯组织被解散，战时特别法令均予废除，监狱与集中营里的德国共产党人和其他反法西斯人士被释放。政治生活的国际和国内条件都发生了变化，芬兰的国内外政策也开始确定一种新的方针。20多年来处于地下状态的共产党得到合法地位，是芬兰政治生活中最重大的事件。当时共产党员只有2000人，但他们克服了重重困难，至1946年6月1日，芬兰共有27635名党员，到1949年党员人数已超过5万。

1944年10月末，芬兰发表了第一个告民众书——《为我国人民的自由、美好生活和光明未来而携手合作》！党在告民众书中规定了当时芬兰工人运动的目标和任务。芬兰共产党认为，党的基本任务是团结一切进步力量，反对反动势力，争取根除法西斯残余势力和加快民主发展的速度。

1948年4月6日，芬兰与苏联签订友好互助合作条约，这是战后五年最重大的事件。条约序言指出："巩固苏维埃社会主义共和国联盟与芬兰共和国之间的睦邻合作关系，是符合两国切身利益的。"序言中还表示苏联对"芬兰置身于大国利益争端之外的愿望"予以重视。但是，这种愿望完全不能保证侵略大国不会试图通过芬兰领土去进攻苏联。有鉴于此，条约规定了双方相互的义务："一旦芬兰或苏联成为德国或德国人和盟国的军事侵略目标，作为忠于独立国家职责的芬兰，将为反击侵略而战。芬兰在这种情况下将派出它拥有的一切力量在自己国境内保卫自己的领土、领海、领空不受侵犯，以履行本条约规定的义务。"在情况必要时，芬兰将求助于苏联或与之共同作战。条约还写道："苏联将根据双方协议向芬兰提供必要的援助。"4月28日，国会以压倒多数票批准了《芬苏友好合作互助条约》。这个条约体现了芬兰对外政策基础的列宁主义和平共处原则，也体现了芬兰对外政策新方针的原则。

(二) 德国1918年革命

在1918年至1919年间，德国的无产阶级、农民和人民大众在一定程度上用无产阶级革命的手段和形式进行了一场资产阶级民主革命。

第一次世界大战末期，德国面临着军事、经济的总崩溃。深受容克地主和资产阶级压迫、剥削和战争灾难的德国工人和广大人民群众，在俄国十月革命的影响下，国内的革命运动也空前高涨。1918年11月3日，基尔军港的水兵举行起义，宣告了革命的开始。9日，柏林的工人和士兵在斯巴达克团的号召下，举行了总罢工和武装起义，推翻了霍亨索伦王朝，成立了工兵代表苏维埃。卡尔·李卜克内西在群众大会上宣布成立社会主义共和国。但是，由于社会民主党右派首领的叛变，以及英、法、美帝国主义的支持，资产阶级窃取了政权，镇压了革命运动，建立了资产阶级共和国，成立了以艾伯特、谢德曼为首的临时政府，并把斯巴达克团排出政府之外。斯巴达克团及时揭露临时政府的反动本质，为了同机会主义决裂，于1918年12月建立了德国共产党。1919年1月，在德国共产党领导下，柏林工人再次发动罢工并举行武装起义，但是遭到临时政府军队的血腥镇压。德国共产党的领袖卡尔·李卜克内西、罗莎·卢森堡及数以万计的共产党员和工人群众惨遭杀害。4月，巴伐利亚首府慕尼黑工人继续举行起义，建立了巴伐利亚苏维埃共和国，革命达到高潮。5月，共和国被艾伯特、谢德曼政府镇压而遭到失败。

这次革命虽然失败了，但它推翻了德意志的君主制度，建立了共和国，同时也教育了德国的无产阶级。它是俄国十月革命和第一次世界大战后，资本主义世界革命高涨的重要组成部分。

（三）匈牙利1919年革命

1919年3月匈牙利共产党领导了一次无产阶级革命。

匈牙利原是奥匈帝国的一部分。在十月革命影响下，帝国境内各族人民，掀起了民族独立的斗争。1918年10月底，布达佩斯的工人、士兵和海员举行起义，推翻了哈布斯堡王朝的反动统治，成立了以卡罗利为首的资产阶级政府。

1918年11月20日，匈牙利共产党诞生，提出了解除资产阶级武装，武装无产阶级，建立苏维埃政权等口号，组织了一系列革命活动，为实现社会主义革命而努力。1919年1月，党领导了工人和士兵起义，推翻了资产阶级政府。起义后全国各地普遍建立了工农代表苏维埃，并于3月21日建立了由共产党和社会民主党共同组织的匈牙利苏维埃共和国。

革命胜利后，匈牙利共产党采取了一系列从根本上实行社会主义革命和改造的方针，坚持无产阶级专政、解散旧军队，建立工农红军；实现工厂、铁路、矿厂、银行国有化；开展文化教育工作；改善劳动人民生活状况等措施。但是，由于年轻的匈牙利共产党缺乏革命斗争经验，在策略上犯了一些重大错误，结果，在社会民主党背叛、反革命武装叛乱和外国武装干涉的情况下，存在了133天的匈牙利苏维埃共和国被颠覆了。

（四）意大利1902年革命

俄国十月革命的胜利，在意大利无产阶级中产生了巨大的影响。1920年的苏维埃运动是发生在意大利的一次规模巨大、影响深远的革命运动。该运动从1920年4月开始，8月、9月达到高潮。这次革命运动以米兰和都灵两个城市为中心，迅速发展到其他城市，特别是北部各大工业城市，大、中型工厂均被工人占领，工人们直接组织生产和分配。工人还建立了赤卫队武装保护工厂，有效地保卫斗争的胜利。但是，意大利已形成的革命形势却没有转变为无产阶级直接夺取政权的革命斗争。这主要是因为意大利还没有形成无产阶级自己的真正政党——共产党。工人运动还处于社会党的影响下，特别是社会党右翼把工人运动控制在经济斗争范围内。

社会党右翼分子在革命运动中背叛的教训，深深地教育了社会党内的左派。1921年1月20日，左派宣布脱离社会党，建立了意大利共产党，从此，意大利无产阶级在共产党领导下，无产阶级的革命运动进入了一个新的时期。

第二节　科学社会主义思想在多个国家结下果实

苏联解体后，全球马克思主义运动陷入低潮。受美苏"冷战"及苏联解体的影响，各国共产党有的被迫解散，有的改头换面，不再是真正意义上的共产党，当然，也有为数众多的共产党在经历挫折后继续前行。从生存现状、发展态势等角度观之，当时的国外马克思主义运动可被大致划归三大阵营：社会主义国家的马克思主义运动，西方国家的马克思主义运动以及发展中国家的马克思主义运动。

苏联解体后，除中国外，全球社会主义国家仅余越南、朝鲜、老挝和古巴四个；原苏维埃阵营中独立出来的国家，大都倒向西方阵营，在其中有些国家，如阿尔巴尼亚和南斯拉夫，之前的共产主义者曾暂时当权，但它们也都经历了或主动或被动的民主化，至少从名义上确立了西方民主体制，已经不再是社会主义国家。

虽然从全球范围来看，苏东剧变后社会主义阵营的整体力量遭到削弱，但在越南、朝鲜、老挝、古巴四个社会主义国家，社会主义国家执政党的力量却得到了强化。思想上，它们大都主张将马克思主义"本国化""民族化"，建设本国特色的社会主义，社会主义不再是"一条道路、一种模式"，而是各具特色和多样性。

一、越南

越南共产党成立于1930年2月，自建党伊始就领导越南人民展开了反帝反封建斗争，先后在越南本土上赶走了日本侵略者、法国侵略者和美国侵略者，于1976年实现了国家统一，定名为越南社会主义共和国，至此，越南共产党带领人民走上了社会主义道路。

东欧剧变和苏联解体后，面对党内外、国内外的严峻局势，越南共产党果断采取了一系列措施，拯救了越共、拯救了越南。

首先，强化党的领导，严肃党的纪律。越共改组了一些受资产阶级自由化思想影响严重的部门，撤销了一批领导干部的职务，其中包括一些政治局委员、中央委员和正副部级干部。

其次，适时召开越共第七次代表大会。越共第七次代表大会于1991年6月召开。该大会总结了六大以来的改革实践，通过了党在过渡时期的总路线，即以经济建设为中心，坚持党的领导，坚持社会主义方向，坚持马列主义和胡志明思想，坚持无产阶级专政，坚持爱国主义与国际主义相结合的五项原则，深化改革开放，建设有越南特色的社会主义总路线。越共七大强调，当前及以后相当一段时期内，越南仍处于社会主义初级阶段，必须以发展生产力为中心，不断提高劳动生产率，改善人民群众生活。大会主张把真正的爱国主义与工人阶级国际主义紧密结合起来，维护世界和平，扩大友好合作关系，为建设社会主义和保卫祖国的事业创造良好的国际条件，为世界和平和人类民主、文明、进步做出积极贡献。

再次，转变经济体制，稳定发展经济。进入20世纪90年代，尤其是在越共七大之后，越南采取许多积极举措，以稳定和发展经济；稳定货币，抑制通货膨胀；允许商品自由流通；继续实行六大以来的革新开放政策，调整对外经济关系，放松对进出口贸易的限制；鼓励多种经济形势并存和共同发展,等等。

在冷战后20年左右的时间里,越南共产党顶住了国内外压力,通过统一思想、明确任务、革新经济、对外开放,在社会主义建设各方面都取得了令人鼓舞的成就。

二、朝鲜

朝鲜的执政党是朝鲜劳动党,成立于1949年10月,在随后约10年的时间里,经过三年抗击美帝国主义的解放战争和一系列党内斗争,逐渐确立了金日成同志在全党和全国的领导地位。在长期建党立国的实践中,金日成带领朝鲜劳动党形成了一套独特的指导思想,被称之为"主体思想"。在金日成"主体思想"的指引下,朝鲜人民依靠自己的力量,自力更生,顽强地进行着党和国家的建设,并取得了一定的成绩。

同越南类似,苏东剧变也给朝鲜带来了很大的冲击,但在压力和冲击面前,朝鲜劳动党却坚定地宣称朝鲜会一如既往地奉行朝鲜式的社会主义路线。按照有关学者的归纳,朝鲜式社会主义路线主要包括以下几个方面的内容:第一,以金日成的"主体思想"为指导思想,以人民群众为社会运动的主体,使劳动群众当家做主,成为社会运动的主体,依靠其自主的、创造性的有意识的活动来推动历史和社会的发展；始终把人民群众的利益放在首位，根据人民群众的利益处理一切问题，使社会的一切都为人民服务。第二，强调发扬独立自主、自力更生的精神，按照本国人民的意愿和国情，依靠本国人民的力量建设社会主义，彻底铲除仿效别人、依靠别人的崇拜大国思想和教条主义。第三，坚持实行计划经济，坚决维护社会主义所有制，排斥市场经济和所有制"多样化"。第四，人民群众掌握政权，政治上人人平等；在实行生产资料公有制的基础上人人享受幸福生活。第五，依靠思想威力取得社会主义的胜利。朝鲜劳动党认为，社会主义事业是依靠思想威力取得胜利并得到前进的事业。第六，领袖、党和群众同心同德，团结一致。第七，在对外政策上，朝鲜劳动党强调按照《平壤宣言》的精神加强国际团结，主张本着自主、和平、友谊的信念，同世界上所有向往自主性的国家和人民加强国际团结，发展友好合作关系；本着平等互利的原则同世界上所有和朝鲜友好相处的国家进行多方面的交流。

虽然朝鲜顶住西方的压力，很好地坚持了社会主义路线，并且在经济建设上也取得了相当的成就，但在苏东剧变后的几年间，朝鲜劳动党自己也承认朝鲜经济出现了困难，其原因主要有：第一，苏东剧变和经互会解散，使得苏联的援助中断，并且朝鲜与相关国家订立的贸易协定被废止，正常的经贸往来陷入停顿。第二，以美国为首的西方世界对朝鲜进行禁运、封锁，给朝鲜经济发展设置了巨大的外部障碍。第三，朝鲜工农业发展失衡。优先发展重工业尤其是军事工业的发展战略导致其他部门的发展缺乏必要的资金。第四，在经济困难的情况下，朝鲜仍维系着相对于其总人口来说十分庞大的军队。

应该说，苏东剧变后，朝鲜顽强地坚守住了社会主义阵地，继续高举社会主义旗帜，保持了政治上的稳定性，实现了权力的平稳过渡——从金日成过渡到金正日，从金正日过渡到金正恩；并且在意识到经济困难之后采取了一系列谨慎但颇有成效的改进措施，在全球化的今天开始了试探性的开放。但是也要看到，朝鲜还在奉行计划经济体制，朝鲜仍然很穷，而西方的经济封锁和制裁仍旧存在，短期内朝鲜经济很难有大的改观。另外，朝鲜坚持试验、制造核武器，朝鲜核危机的局面一直存在，不仅对于地区安全有负面影响，对于朝鲜未来的长远发展也是不利的。

三、老挝

1975年12月，老挝首届全国人民代表大会在万象召开，1975年12月2日宣布废除君主制，成立老挝人民民主共和国，老挝人民革命党执政，老挝历史上600余年君主制终结。

苏东剧变同样给老挝的社会主义建设带来了巨大的冲击，加上西方势力的鼓励和封锁，老挝在坚持社会主义道路方面困难空前。在危机时刻，老挝人民革命党带领老挝人民，坚定地宣称老挝在经济建设中要坚持社会主义方向，进一步发挥社会主义制度的优越性，提高人民生活水平。也就是在这段时期前后，老挝人民革命党开始反思之前社会主义建设中的失误，并着手调整自己的政策。

在苏东剧变的风雨飘摇之际，老挝人民革命党召开了第五次代表大会，这次大会重申老挝人民革命党是老挝社会主义建设的领导核心，强调要继续坚持马列主义，坚持民主集中制。这次大会对老挝当前的局势做出了较为客观的判断，认为当前老挝正处于建设和发展人民民主制度的时期，该时期的主要任务是确保国家的独立、稳定和统一，并逐步为社会主义建设创造条件。大会强调，"老挝目前尚不具备建设社会主义的物质基础，当前最迫切的任务是大力发展生产力，逐步把自然、半自然经济转变为商品经济。建立农业、林业与工业、手工业、服务业相结合的社会经济结构"。五大确立了"有原则的全面革新路线"和"革新开放"的方针，提出要坚持六项基本原则，即坚持社会主义、坚持马列主义、坚持党的领导、坚持民主集中制、坚持人民民主专政、坚持爱国主义和国际主义的结合。

五大是老挝"革新开放"的新起点，在这次大会之后，老挝社会主义建设的方针、政策渐趋稳定和成熟，老挝的社会主义建设也开始全面展开，并取得了巨大的成就。

政治上，通过带领老挝人民正确认识老挝的国情，并制定合乎时宜的发展战略，老挝人民革命党确立并巩固了其在老挝人民心中的地位；尤其是在犯了错误并偏离了正确的发展轨道后，老挝人民革命党能够同本国人民开诚布公，更确立了该党的威信。

经济上，老挝人民革命党带领老挝人民积极奉行"革新开放"政策，发展本国经济。农村方面，老挝普遍实行了家庭承包制，鼓励农民承包经营，并逐步引导其扩大经济规模。工业企业方面，老挝对工业企业实行独立核算，扩大企业经营自主权，并给予非社会主义经济成分与社会主义经济成分相同的法律地位，在法律上对它们进行平等保护和鼓励。老挝政府还积极开展对外开放，鼓励国内企业走出去，并努力引进外资。

对外关系上，老挝自建国起就不是一个封闭的国家，由于老挝人民革命党与越南共产党的渊源，老挝在其《宪法》和党的全国代表大会上多次宣布和重申其与越南的特殊关系。老挝奉行和平、独立和与各国友好的外交政策，并且主张在和平共处五项原则的基础上发展同世界各国的友好关系，重视与邻国的关系，并积极改善和发展其与西方发达国家间的关系。老挝积极发展同中国、泰国、韩国、美国等国的关系，较为坚决地贯彻执行了其对外开放政策。1997年，老挝正式加入东盟，与东盟各国的关系也掀开了新的一页。另外，老挝还积极发展与世界银行、国际货币基金组织等国际组织的关系，积极争取国际援助。

总之，虽然老挝的社会主义建设起点不高且起步较晚，但通过及时修正社会主义建设中所犯的错误，正视现实，制定相对合理的经济社会政策，老挝的社会主义建设已经取得了相当的成就。虽然目前老挝人民人均收入并不尽如人意，但老挝经济的发展势头强劲，发展前景明朗。

四、古巴

1959年，在卡斯特罗的领导下，古巴革命取得了胜利，建立了社会主义国家。新政权摧毁了旧的国家机构，没收反动分子的财产；颁布石油法和矿业法，废除美国公司的一切租让地，把外国和本国大资本家的厂矿企业收归国有，接管全部私营银行，建立国家银行。1962年，政府将私营大、中型商业企业收归国有。到1963年10月，政府在农村中进行了两次土地改革，消灭了大庄园制和富农经济，农村中出现了国营农场、农牧业生产合作社和个体小农三种土地占有形式。1961年4月16日，卡斯特罗说，古巴革命是"一场贫苦人的，由贫苦人进行的，为了贫苦人的社会主义民主革命"。同年5月1日，卡斯特罗宣布古巴是社会主义国家。

东欧剧变和苏联解体后，面对国内外的众多困难，古巴共产党召开了具有重大历史意义的第四次代表大会，大会指出，在苏联解体，国际共产主义陷入低潮的情况下，古巴将"不惜一切代价捍卫社会主义"，要"誓死捍卫社会主义，誓死捍卫马列主义"，"以坚定的决心和求实的态度搞好工作，渡过难关，拯救国家，拯救革命，拯救社会主义"，要"抛弃幻想，面对现实",并且强调要坚持共产党的领导,坚持计划经济。

为摆脱国内经济困境,发展社会主义,以卡斯特罗为首的古巴共产党中央领导做出了支持改革开放的决定。古巴于1993年开始经济改革,采取了一系列重要的改革措施:第一,允许持有美元合法化。第二,允许个体经济的存在和发展,并扩大个体经济,作为国营经济的补充。第三,权力下放,扩大企业自主权。第四,进行农业改革,成立农业生产合作基层组织,吸收农业工人自愿参加,自主经营,自负盈亏。第五,实行财政改革,整顿财经秩序。第六,开放农贸市场、手工业品市场和牧业市场。第七,进行货币改革,等等。

古巴的改革开放是在社会主义制度框架内对经济、社会政策等进行的微调,这在一定程度上丰富了所有制形式,激发了经济领域的积极性,并为有效利用外资创造了条件。作为一项国策,改革开放必须被坚持下去,在古共五大上,大会在强调坚持一党制、社会主义公有制及计划经济的同时,也强调要把经济工作放在优先地位。但另一方面也要看到,古巴的社会主义改革开放是谨小慎微的,人们对改革开放中外国资本的引入、贫富差距的增大、腐败的滋生等问题保持着高度的警惕,改革开放的进一步深入面临着很大的阻力。

作为改革开放的成果之一，古巴人民的生活水平逐渐提高，已经度过了最困难的时期。古巴共产党的威信也不断提高，党员人数迅速增长。面对改革开放取得的成就，古共没有骄傲，而是积极巩固改革开放成果，并强化自身建设。通过改善党的思想政治领导、坚持群众路线、精简党政机构和加强廉政建设等措施，党的领导得到了进一步的强化。

第三节　西方国家马克思主义政党及其活动

这里的西方国家主要指发达国家，由于这些国家大都有各种形式的发达的资本主义制度，相应地，这些国家的共产党组织也大都历史悠久，具有很好的革命传统；但另一方面，由于这些国家大都是反共产主义的中心，苏东剧变后这些国家的共产党受到的冲击也最大，在巨大的冲击和压力下，有些国家的共产党改旗易帜了，有的解散了，有的出现了分裂，但多数西方国家共产党仍在坚持，如法国共产党、美国共产党等。

冷战后发达国家共产党表现出不同的样态，其中改变名称及性质者有之（如意大利共产党、英国共产党等），自行解散者有之（如荷兰共产党），名存实亡者有之（如丹麦共产党），分裂或消失者有之（如比利时共产党和芬兰共产党）。而多数发达国家的共产党则顽强地继续存活下来，它们在消灭共产主义、取缔共产党的逆流中顽强抗争，高举社会主义和共产主义旗帜，它们总结苏联失败的教训，开始重视把马克思主义与本国实际相结合，它们调整自己的传统政策，重视扩大联盟的对象并改善与其他党派的关系，它们大都更新了领导班子，提拔了一批德才兼备、年富力强的干部，它们相互之间还加强了同彼此的联系。

理论上的调整是发达国家共产党走出困境、有所作为的基础。发达国家共产党在总结苏联历史教训和继承欧洲共产主义传统的基础上，对共产党、共产主义和无产阶级革命理论做了适当的调整：第一，放弃暴力革命的理论，主张在资产阶级宪法范围内走"超越资本主义"的变革道路。如葡萄牙共产党、西班牙共产党、法国共产党、意大利共产党等都主张从资本主义国家的现实出发，通过民主化的方式，变革和改造现行资本主义制度，继而实现社会主义和共产主义。第二，突出民主、自由、人权是社会主义的根本目的。第三，对社会主义和共产主义的传统政党理论予以革新。第四，在所有制方面，它们主张要实行"社会所有制"，维护公有制，反对私有化，但另一方面，它们又指出，社会所有制和公有制不同于国家所有制，并且认为以国家所有制为基础的高度集权的计划经济脱离了这些国家的现实，无法在实际中被践行。

一、法国

在法国，苏东剧变对法国共产党冲击极大，苏联解体后，悲观失望的情绪笼罩着法共上下，国内敌视共产主义和共产党的反动力量趁机叫嚣，要求法共解散。另外，法共党内的"改造派"站出来主张走民主社会主义道路，在党内制造了大量思想混乱。在这种情况下，法共在20世纪80年代末90年代初进行了一系列改革。1990年12月，法共顶住各方面的压力召开了第二十七次代表大会，大会认为资本主义正在东欧复辟，国际共产主义运动形势严峻；大会强调法共不会变成社会民主党，而是要坚持共产党名称和社会主义目标不变。

法共在国内斗争的同时，还积极声援和援助国外共产党，尤其是古巴共产党。1993年法国议会选举时，执政十余年的法国社会党失利，而法共获9.18%的选票，这初步显示了在西欧反共大潮中，法共已经初步站稳了脚跟，法共的下降趋势被遏制住了。

1994年1月25日至29日，法共召开了第二十八次代表大会，大会正式放弃了民主集中制，代之以"民主"的运转原则。大会重申了法共提出的"开放、革新"的主张，重申法共的奋斗目标是实现共产主义。二十八大后，法共大力推行革新政策，加大维护劳动者权益的斗争力度，提出了与右翼针锋相对的政策主张，提出以就业为中心的权利要求，积极领导和参加了反对巴拉迪尔政府颁布的有关修改教育法、职业安全合同法、限制外籍人法等大规模的游行和罢工活动，同时调整了对社会党的政策，采取既联合又斗争的方针。

法共的一系列努力取得了相当的成效并获得了选民的理解和支持，1995年4月，法共领导人罗贝尔·于参加总统选举，获得8.46%的选票。1996年底，法共二十九大主张放弃"法国特色社会主义"的提法，代之以"新共产主义"，主张实行共产主义变革。1997年6月，法共参加了社会党若斯潘政府。

2000年3月23日至26日，法共第三十次代表大会召开，大会讨论了经济全球化、共产主义、法共参政等重要问题，大会对罗贝尔·于倡导的变革路线予以充分肯定，决定对法共进行"彻底变革"，对共产主义进行"革新"，把法共建设成为一个"21世纪的新型共产党"。大会重申同"斯大林主义"和苏东模式决裂，认为这是"某种共产主义观念"的失败，而不是共产主义本身的失败。大会强调将参政与开展社会运动有机结合起来，并全面修改了党的组织原则，提出要将法共建设成为一个"现代的、开放的、充满活力和民主的"新型共产党。2003年4月3日至6日，法共第三十二次代表大会召开，大会总结了2002年法共大选失败的经验教训，在平衡"变革派""正统派"和"重建派"之间矛盾的基础上，通过了主要由"变革派"提出的《共同谱写共产主义新篇章》的大会文件。大会重申要继续"坚持共产主义和超越资本主义"。大会还谴责了英美联军对伊拉克的战争，认为这场战争是帝国主义和殖民主义战争。

曾经为法国第一大党并曾与法国社会党联合执政的法国共产党确实陷入过暂时的低谷，但通过调整党的政策、革新党的奋斗目标和参政思路、进一步团结人民群众，法共已经渐渐走出低谷，抵制住了反共势力的疯狂进攻，踏上了实力复苏的漫长征途。

二、西班牙

西班牙共产党的历史就是其进行艰苦斗争的历史。西班牙共产党同法国共产党、意大利共产党一道，是欧洲共产主义思想的显著代表。东欧剧变和苏联解体后，西共遭受了强烈的冲击，国内执政的工社党和右翼反共势力乘机孤立和打击西共，党内思想混乱，党派纷争严重（"取消派"和"传统派"），党员人数直线下降，党的生存面临巨大的危机。在这种局势下，1990年1月，西共总书记胡里奥·安吉塔通过媒体表示，"共产党在其存在中有其反对法西斯的光荣斗争传统，进行了成功的革命，进行了民族斗争，捍卫了民主自由……当有人要我们改变共产党的标记时，实际上是在要我们放弃马克思主义。对我们来说，马克思主义的分析现在仍然有效。我们不想给资本主义上一点止痛药。我们要消灭资本主义制度。我们的名称是西班牙共产党，它是一个光荣的党，我们不会改变党的名称。"

1990年4月7日至8日，西共召开了第六次全国组织工作代表会议，会议澄清了对马克思主义、社会主义及资本主义的基本认识。大会认为，尽管马克思主义的某些因素可能会过时，但马克思主义本身不会消亡，因为马克思主义是一种不断被丰富和发展的思想。苏联的失败只是社会主义一种模式的失败，而不是社会主义本身的失败。而苏联社会主义的失败也并不意味着资本主义的胜利。会议决定把尊重人权和各国人民的自由确立为国际主义的首要因素，大会决定放弃领导党的观念，放弃民主集中制，实行民主决策，允许党内存在思想派别。

1991年12月19日，西共召开了第十三次代表大会。大会围绕"传统派"和"取消派"关于是否要取消西共的问题展开了斗争和较量。最终，"取消派"的提案被否决。大会发表了《西班牙共产党致左派宣言》，《宣言》表示，西共将会继续坚持社会主义和共产主义，继续把共产主义理论作为认识和改造世界的指导方针，以一种"非教条主义的、具有改革精神的马克思主义"来指导党的行动。大会还强调要在党内实行民主自由，将西共变成联邦党。西共的"联合的左翼"政策大大加强了左翼联盟的实力，拓宽了西共在西班牙国内政治中的活动空间。

1995年12月，西共召开了第十四次全国代表大会，对世界形势和共产主义运动做出了如下新的判断：第一，认为世界已发生了巨大变化，文明的技术基础变了，环境变了，社会和文化生活变了，国际政治和经济秩序变了，因此对《共产党宣言》中过时的原则要进行更新，并使之符合现实。第二，认为苏联东欧国家的"国家所有制模式"扭曲了社会主义制度的含义，是既非资本主义的，也非社会主义的或共产主义的一种生产方式。第三，认为社会主义和共产主义是通过大多数人的真正革命、自觉自愿行动的结果。第四，主张和平反对战争，提倡新国际主义。西共在其宣言中说，西班牙共产党维护和平，反对战争，反对军国主义；反对失业和被排斥现象；反对毒品、贫困和居住拥挤；反对教条主义、宗派主义、不容忍和种族主义。

纵观西班牙共产党的发展进程，我们可以注意到长期艰苦的地下斗争培养了西共顺应时势、灵活实用的工作作风和政治智慧。同时，在坚持马克思主义、坚持党的名称和党的道路不能变化等方面，西共又表现出了难得的坚定性。西共目前在其国内的处境仍很艰难，尽管其现在是西班牙第三大政党，但与处于前两位保守派人民党和工人社会党的差距还很大，西共要想实现最终的政治目标仍有很长的路要走。

三、意大利

成立于1921年的意大利共产党曾是资本主义世界中最大的共产党，曾经为意大利的解放和反法西斯战争的胜利做出过杰出的贡献，并且如前所述，它还是"欧洲共产主义"最早倡导者之一。

东欧剧变和苏联解体严重冲击了意大利共产党，造成了党内思想的混乱，并使党内潜在的矛盾激化，最终使意大利共产党发生重大变故。1991年1月31日至2月3日召开的意共第二十次代表大会正式做出了放弃意共名称并改变党的性质的决定。以意共原总书记奥凯托为首的多数派将意共改名为左翼民主党。大会通过了奥凯托提出的新的临时党章，该党章强调左翼民主党是"非意识形态的、不以任何预先构想的模式为指导的党"；该党把"自由、平等、团结"作为新党的根本价值观，删除了原意共党章中关于马克思、恩格斯及列宁主义等指导思想；该党把逐步实现政治、经济和公民社会的民主化作为党的目标，强调通过充分民主化来实现一种新的社会主义；该党还决定同国际共产主义传统决裂，彻底放弃民主集中制，确立了党内生活的多数原则。这些举措在事实上改变了意共的性质，使其成为一个非共产主义的政党。

意共改旗易帜后，意大利共产党人并没有放弃其为社会主义和共产主义而奋斗的努力。1991年2月，没有加入左翼民主党的原意共成员发起了"争取共产主义重建运动"，并召开了第一次代表大会，宣布成立"意大利重建共产党"，选举加拉维尼担任党的总书记，原意共"元老"科苏塔任党主席。意大利重建共产党认为，社会主义在东欧和苏联的失败并不意味着社会主义本身的失败，这和法共、西共的主张基本一致。由于先前与左翼民主党的纠葛以及两党在对待社会主义及共产主义方面截然不同的做法，意大利重建共产党在成立之初采取了相对封闭的做法，拒绝同左翼民主党合作。这一情势最终使主张与左翼民主党公开对话的总书记加拉维尼被迫去职，并使意大利重建共产党面临新的分裂及相互对抗的危险。

1994年1月，意重建共产党第二次全国代表大会的召开对党的路线、方针、政策做出了及时调整，化解了上述危机。大会决定改变意大利重建共产党作为政府坚定的反对派的立场，支持与左翼结为同盟，共同对抗国内右翼势力，争取通过赢得大选组建联合政府。大会选举乌斯托·贝尔蒂诺蒂担任党的总书记，并以多数表决的方式决定与左翼民主党合作，组建左翼进步联盟。1996年4月，意大利重建共产党与中左派政党"橄榄树"联盟在意大利大选中击败右翼势力，组建了左翼政府，在资本主义框架内实现了通过民主政治控制或影响政权的初步胜利。但同时我们也要看到，在该左翼政府中，意大利重建共产党的影响力有限，并且意大利重建共产党和"橄榄树"联盟在政府财政预算、私有化、欧洲货币联盟等重要议题上还存在重大分歧，其在意大利政府内外所面临的局势仍十分复杂。

四、葡萄牙

葡萄牙共产党成立于1921年3月，自成立起，葡共就积极捍卫工人阶级和劳动者权益，捍卫民族国家独立，反对法西斯独裁统治，并日益发展成为仅次于意共和法共的西欧第三大共产党。由于其革命性和战斗性，葡共一度被宣布为非法政党。

东欧剧变和苏联解体使西欧一些国家的共产党改旗易帜，另外一些则走向革新的调整，而葡共却在反共浪潮中坚定地坚持社会主义和共产主义的奋斗目标。面对苏联的解体和俄罗斯当局对苏联共产党人的迫害，葡共及时发表声明，澄清了认识。葡共认为，苏联和东欧国家的失败只是社会主义一种模式的失败，而不是社会主义本身的失败。葡共坚定地宣称，葡共仍是马克思主义政党，仍然坚持马列主义和社会主义、共产主义道路，坚持共产党的政党特征，不会改变共产党的名称，坚持民主集中制。在最困难的时期，葡共成功举办了两届党报报节，回击了反共势力所谓葡共就要解散的谣言，极大地鼓舞了士气。

　　1992年12月4日至6日葡共召开了第十四次全国代表大会，这次大会进一步剖析了东欧剧变、苏联解体的原因，指出尽管现代资本主义与150年前的资本主义有不同的特点，但资本主义的本质没有变。大会修改了党纲、党章，并选举了新的中央领导机构。修改后的党章坚持了共产党的基本特征，强调葡共是"无产阶级的政党"，"是工人阶级和全体劳动者的党"，其"理论基础是马列主义"。新党章强调要坚持民主集中制，既要充分保障和加强党内民主，又要有一个"统一的总方针"和"统一的中央领导"。葡共强调，"为民族民主革命而斗争是争取社会主义斗争的组成部分"，"葡共的最终目标是在葡萄牙建设社会主义和共产主义"。

　　2004年11月26日，葡共召开了第十七次全国代表大会。大会对国际形势进行了判断和预测，揭露了美国争霸世界的企图，强调要大力加强反对帝国主义和新自由主义的国际斗争，扩大同世界各国共产党及左翼进步力量的团结合作。这是在当前全球化负面影响不断显现的条件下，葡共对其斗争战略的进一步调整。

五、美国

美共成立于1919年9月1日，自成立以来，美共就经历了诸多困难。"冷战"时期，特别是在麦卡锡主义盛行时期，美共面临巨大压力，美共成员受到不同程度的歧视。

东欧剧变、苏联解体以及苏共被禁等一系列事件给美共带来了巨大的思想冲击，当时美国国内认为共产党即将灭亡，马克思主义日薄西山的论调甚嚣尘上。但美共坚定地宣称，"社会主义是经久不衰的，你可以斩断它，但它又会产生出来，它深深扎根于社会之中"。

重建后的美共一直把马列主义作为党的指导思想，1987年美共二十四大通过的党章宣称美共建立于马克思列宁主义的社会科学之上。2001年5月美共通过的党章又明确指出党的指导思想是马克思列宁主义的科学原理。美共二十七大重申，美共世界观的理论基础是马克思主义，大会还要求以创造性的方式发展革命的马克思主义。对于党的性质，美共2001年新党章指出："美国共产党是美国工人阶级的政党，它在马克思列宁主义的科学原理指导下，继承美国工人阶级进步的历史斗争传统，为保卫工人阶级和所有受压迫人民的利益而斗争。它为人民的利益和权利而战，它的最终目标是建立由工人阶级所领导的具有广泛人民基础的政府，用社会主义代替资本主义。"在实现社会主义和共产主义的方式上，美共认为应当和平实现社会主义变革，不能照搬之前苏联暴力革命的模式。另外，美共主张建立广泛的统一战线，扩大工人阶级同其他劳动者和中间阶级之间的联合。

美共的经费主要有三个来源：第一，美共党员交纳的党费，美共一般党员每年的党费是60美元，无收入和低收入者党费是25美元或完全免除党费。但由于美共党员人数较少，且交纳党费数额不大，所以这部分收入无法满足党运营的需要。第二，美共在曼哈顿中心区的一处房产，这为美共提供了相当一部分收入。第三，富裕党员的捐助。目前，美共的主席是山姆·韦伯。

当前的美共仍面临很多困难：党员人数不多，影响力回升缓慢。近几年的发展虽然对美共实力的恢复起到了相当的作用，但美共仍没有达到20世纪二三十年代的水平。另外，美共允许党员同时参加别的党派和组织，可以担任其他社会运动的领袖，这虽然在一定程度上可以扩大美共的影响力，但同时严重暴露了美共党员组织方面的缺陷，短期内在政治上难有突破。在美国，民主党和共和党牢牢掌控美国政治，轮番执政，美共想要在政治上有所作为，难度巨大。

六、日本

日本共产党成立于1922年7月，在其成立开始至二战结束期间，日共受到严酷的镇压和迫害，组织几近瘫痪。二战后，日共得以重建，并于1949年4月参加了大选。随后日共的发展突飞猛进。

东欧剧变和苏联解体同样给日共带来严重冲击。日本强大的右翼势力以及特殊的战争经历使相当一部分日本人对日共持有强烈的偏见、戒心，甚至敌意，苏联社会主义的失败更是刺激了这部分人的神经，他们宣称社会主义已经过时、共产党行将灭亡、资本主义万岁等。面对这股逆流，日共于1990年7月召开了第十九次代表大会，大会分析了东欧剧变的原因，认为东欧社会主义的失败并不是社会主义本身的失败，而是一种被扭曲的社会主义模式的失败，大会批判了社会主义将要灭亡的论调，指出科学社会主义不怕攻击，具有长盛不衰的生命力。大会还强调，日共坚决不改党的名称，坚持民主集中制原则和科学社会主义理论。

1994年，针对苏联解体后世界格局的重大变化和日本国内局势的动荡，日共召开了第二十次全国代表大会，大会分析了当今世界局势和日本现状，修改了党纲和党章。与一般看法不同，大会认为，苏联解体后，"冷战"并没有结束，因为"冷战"只是美国全球战略的一个组成部分，苏联解体前后美国的国家性质及对外政策并没有发生实质性变化，美国依靠核武器及组建军事集团妄图掌控世界霸权的野心仍然没有变。

2000年11月，日共举行了第二十二次全国代表大会，对党章进行了全面修改，对日共性质作了新的规定，日本共产党是日本工人阶级的政党，同时又是日本国民的政党。为了民主主义、独立、和平、提高国民生活和日本的未来而努力，向所有的人开放门户。新党章删除了社会主义革命、社会主义社会等提法，对民主集中制也做出了微调，以适应新的斗争形势并回应来自党外的批评。

苏东剧变后，日共虽然稳住了阵脚，但实力和影响力逐年下降。然而从2008年起，随着国际金融危机向纵深发展，裁员造成大量失业、待业人口的出现，日共党员人数迅速增长。据日共称，其党员在2008年一年增加了1.4万人，而其机关报

《赤旗》的读者也在半年时间内增加了1.8万人。目前日共拥有党员40余万名，虽然没有达到历史上的最高点，但发展势头较好。

第五章　中国特色社会主义的根基与力量

第一节　马克思列宁主义在中国的传播与中国共产党的诞生

一、马克思主义理论的早期传播

俄国十月社会主义革命的胜利把科学社会主义理论变成了现实，为世界无产阶级革命开辟了新的道路，为落后国家争取民族独立和解放的斗争指明了方向。正在艰难探索民族解放道路的中国人民从俄国社会主义革命的胜利中看到了希望和光明。在艰苦卓绝的斗争过程中，中国共产党人在实践中始终自觉地把马克思主义基本理论和中国革命的实际相结合进行理论创新，产生了重大的理论成果——毛泽东思想，使马克思主义理论这一源自西方的思想学说在中国这个东方大国得到了继承和发展。

俄国十月社会主义革命之后，马克思主义、社会主义作为一种新的学说开始在中国传播。"十月革命一声炮响，给我们送来了马克思列宁主义。十月革命帮助了全世界的也帮助了中国的先进分子，用无产阶级的宇宙观作为观察国家命运的工具，重新考虑自己的问题。"

以李大钊为代表的中国先进知识分子开始把目光投向俄国，他们开始关注、研究并逐步接受了马克思主义，继而以高度的热情在中国开始宣传、介绍马克思主义学说。1918年7月，李大钊发表了《法俄革命之比较观》一文，指出"俄罗斯之革命是20世纪初期之革命，是立于社会主义上之革命"，是"世界的新文明之曙光"。同年11月，李大钊在《新青年》杂志上刊登了《庶民的胜利》和《布尔什维克主义的胜利》，成为中国宣传马克思主义的第一人。李大钊热情地讴歌十月革命，指出无产阶级的社会主义革命是世界历史的潮流。在李大钊等人的努力下，介绍马克思主义的报刊和文章逐渐多了起来。1919年4月6日出版的《每周评论》刊登了《共产党宣言》一书的摘译。5月，李大钊主持的《晨报》副刊开辟了"马克思研究专栏"。

五四运动之后，马克思主义在中国得到了广泛传播。一些有影响的刊物开始以较大的篇幅发表宣传马克思主义的文章。马克思主义的一些基本著作和介绍马克思主义的书籍也陆续翻译和出版。1919年9月，《新青年》出版"马克思研究专号"，使马克思主义在中国的传播进入了一个新的阶段。李大钊发表了《我的马克思主义观》一文，系统地介绍了马克思主义的唯物史观、政治经济学、科学社会主义。《每周评论》《国民》等杂志也都刊登了一系列的介绍马克思主义和俄国革命的文章。1920年8月，陈望道翻译的《共产党宣言》第一个全译本在上海出版。同时，《社会主义从空想到科学的发展》《国家与革命》等著作也公开出版。

在马克思主义得到广泛传播的同时，学习和研究马克思主义的团体也纷纷建立起来。其中较有影响的有陈独秀在上海发起组织的马克思主义研究会；毛泽东在长沙创办的新民学会；周恩来在天津组织的"觉悟社"；恽代英、林育南等在武汉组织的利群书社；袁玉冰、方志敏等在南昌组织的改造社；澎湃等在广东组织的社会主义研究社；王尽美、邓恩铭在山东组织的康米尼斯特学会。这些组织团结了一批进步青年学习、研究和宣传马克思主义，推动了马克思主义在中国的传播。

随着马克思主义在中国的传播,中国早期的马克思主义者队伍开始形成。李大钊是中国最早的马克思主义者。1920年,陈独秀发表《社会改造的方法与信仰》的演说和《谈政治》一文,表明他已由民主主义者转变为马克思主义者。邓中夏、蔡和森、恽代英、瞿秋白、周恩来、赵世炎、李达、李汉俊、陈潭秋、邓恩铭、王尽美等一大批在五四运动中成长起来的先进青年和具有初步共产主义思想的先进分子,以及一些老同盟会会员董必武、林伯渠等人,都先后成为马克思主义者。毛泽东也在此时通过阅读马克思主义和俄国十月革命的书籍逐步建立起马克思主义信仰,并逐渐形成了一套完整的理论体系,成为马克思主义中国化的重要理论成果,即毛泽东思想。

二、中国共产党的诞生

从鸦片战争到五四运动,中国人民为了反对帝国主义和封建统治进行了英勇不屈的斗争,其中主要的是太平天国农民战争和资产阶级领导的辛亥革命,但都相继失败了。历史证明,中国的农民阶级和民族资产阶级由于他们的历史局限性和阶级局限性,都不能领导民主革命取得胜利。

随着帝国主义的入侵和现代工业的发展,中国产生了无产阶级，而且在不断发展壮大，到1919年产业工人已经发展到200万人左右。无产阶级的产生和发展，为中国共产党的建立奠定了阶级基础。1917年俄国十月革命的胜利给中国送来了马克思列宁主义，使中国的先进分子找到了救国救民的真理。马克思列宁主义在中国的广泛传播，为中国共产党的建立奠定了思想基础。1919年爆发的五四运动，促进了马克思主义同中国工人运动的结合，为中国共产党的建立做了思想上和干部上的准备。随着马克思主义的传播及其同工人运动的初步结合，随着一批接受马克思主义的先进知识分子的出现，建立新型的工人阶级政党的任务提上了日程。

中国共产党的建立，得到了列宁领导的第三国际（即共产国际，成立于1919年3月）的帮助。1920年4月，俄共（布）西伯利亚局派维经斯基等一行来华，了解中国情况，考察能否在上海建立共产国际东亚书记处。他们先在北京会见了李大钊，后经李大钊介绍到上海会见陈独秀，共同商谈讨论了建党问题，促进了中国共产党的创立。从5月开始，陈独秀邀约李汉俊、李达、俞秀松等人多次商谈建党的问题。8月，陈独秀在上海成立了中国共产党的发起组。10月，李大钊在北京建立了共产主义小组。接着，在湖南、湖北、山东、广东等地相继建立了共产主义小组，同时在法国和日本也由留学生中的先进分子组成了共产主义组织。

中国共产党的最早组织是在上海建立的。1920年8月，上海共产党组织正式成立，陈独秀任书记。它起到了在全国范围内建党的发起组和联络中心的作用。10月，北京共产党组织成立，李大钊为书记。1920年秋至1921年春，武汉、长沙、济南、广州等地先后建立起共产党的地方组织。在欧洲和日本，中国留学生和侨民中的先进分子也建立了共产党的组织。各地共产党早期组织成立以后，主要开展了几个方面的活动：一是宣传马克思主义，组织进步青年学习马克思主义，研究中国的实际问题。二是同反马克思主义的思潮展开论战，帮助一批进步分子划清科学社会主义同其他社会主义派别的界限，最终走上马克思主义的道路。三是通过在工人中进行宣传和组织工会的工作，使工人开始接受马克思主义的教育，阶级觉悟有所提高。四是建立青年团组织，组织团员学习马克思主义，参加实际斗争，为党培养后备力量。

各地共产党早期组织所进行的这些活动，有力地促进马克思主义的进一步传播及其同中国工人运动的结合，使在中国建立共产党的条件基本具备了。

1921年3月，在俄共远东局和共产国际的建议和支持下，召开了各共产主义小组的代表会议，发表了关于党的宗旨和原则的宣言，并制定了临时性的纲领，确立了党的工作机构和工作计划，表明了党组织对社会主义青年团、工会、行会、文化教育团体和军队的态度。这次会议为党的成立做了必要的准备。维经斯基回国不久，1921年6月，共产国际派马林等到上海。他们建议召开党的全国代表大会，正式成立中国共产党。上海党的发起组在李达的主持下进行了全国代表大会的筹备工作，并向各地党的组织写信发出通知，要求各地选派两名代表出席大会。

1921年7月23日，中国共产党第一次全国代表大会在上海召开。最后一天的会议转移到浙江嘉兴南湖举行。参加会议的各地代表是：李达、李汉俊（上海），张国焘、刘仁静（北京），毛泽东、何叔衡（长沙），董必武、陈潭秋（武汉），王尽美、邓恩铭（济南），陈公博（广州），周佛海（旅日）。包惠僧受在广州的陈独秀派遣，也参加了会议。他们代表着全国50多名党员。共产国际代表马林和尼科尔斯基列席会议。

大会确定党的名称为"中国共产党"。党的纲领是"革命军队必须与无产阶级一起推翻资本家阶级的政权"，"承认无产阶级专政，直到阶级斗争结束"，"消灭资本家私有制"，以及联合第三国际。大会讨论了实际工作计划，决定集中精力领导工人运动，组织工会和教育工人。大会选举产生了党的领导机构——中央局，陈独秀任书记，李达、张国焘分管宣传和组织工作。

党的一大正式宣告了中国共产党的成立。从此，在古老的中国大地上出现了完全新式的、以马克思主义为行动指南的、统一的和唯一的中国工人阶级的政党。

中国共产党的成立，适应了近代以来社会进步和革命发展的客观要求，是中国革命发展的客观需要，是马克思主义同中国工人运动相结合的产物，是开天辟地的大事件。中国共产党作为中国最先进的阶级——工人阶级的政党，不仅代表着工人阶级的利益，而且代表着整个中华民族的利益。中国共产党从一开始就拥有马克思主义这个最先进的思想武器，因而能够为中国革命指明前进的方向。正是这个党，给灾难深重的中国人民带来光明和希望。虽然当时它的力量还很弱小，但它满怀信心地以改造中国为己任，为争取民族独立和人民解放，实现国家的繁荣富强和人民的共同富裕，开始了艰苦卓绝的斗争历程。自从有了中国共产党，中国革命的面目就焕然一新。社会主义在中国的发展也有了坚强的领导组织，为中国的社会主义事业和世界社会主义运动提供了坚强支撑。

第二节 社会主义在中国的伟大奠基

毛泽东思想是马克思列宁主义普遍原理和中国革命具体实际相结合的产物。它是以毛泽东为主要代表的中国共产党人，运用马克思主义的立场、观点和方法，把中国长期革命和建设实践中的一系列独创性经验做了理论概括而形成的、适合中国情况的、科学的指导思想。把马列主义基本原理同中国具体实际结合起来，领导我们党和人民找到了一条新民主主义革命的正确道路，完成了反帝反封建的历史任务，结束了中国半殖民地半封建社会的历史，建立了中华人民共和国，确立了社会主义制度。接着，毛泽东又从中国实际出发，开始探索社会主义建设的道路，最终形成了关于中国革命和建设的思想。它是马克思列宁主义在中国的运用和发展，是被实践证明了的、适合中国革命和建设的、正确的理论原则和经验总结，是中国共产党集体智慧的结晶。在实现马克思主义同中国革命实际相结合的第一次历史性飞跃的进程中，毛泽东的贡献最大、创造最多、水平最高；毛泽东的科学著作是毛泽东思想的集中概括，毛泽东是毛泽东思想的最主要的创立者。

一、毛泽东的新民主主义革命理论

毛泽东从近代中国的历史和社会状况出发，研究中国革命的特点和中国革命的规律，发展了马克思列宁主义关于无产阶级在民主革命中的领导权的思想，创立了无产阶级领导的，工农联盟为基础的，人民大众的，反对帝国主义、封建主义和官僚资本主义的新民主主义革命的理论。具体来说，新民主主义革命的任务是对外进行推翻帝国主义压迫的民族革命和对内进行推翻封建地主压迫的民主革命；新民主主义革命的对象是帝国主义和封建地主阶级；新民主主义革命的领导者是无产阶级；新民主主义革命的动力是人民大众；新民主主义革命的性质是资产阶级民主主义革命；新民主主义革命的前途是建立人民民主专政国家，经过新民主主义革命进而实现社会主义。

毛泽东在其众多著作中概括了新民主主义基本纲领，由政治纲领、经济纲领和文化纲领三部分组成。新民主主义的政治纲领是在中国建立一个以无产阶级为领导的，以工农联盟为基础的，一切反帝反封建的人民联合专政的民主共和国。新民主主义的经济纲领是中国共产党在新民主主义革命时期关于经济问题的基本主张和斗争目标。没收封建地主阶级的土地归农民所有，没收国民党四大家族官僚资本归新民主主义国家所有，保护民族工商业，允许私人资本主义在不操纵国计民生的前提下得到发展。新民主主义的文化纲领是无产阶级领导下的，以共产主义思想为指导的人民大众的反帝反封建的文化，即民族的科学的大众的文化。新民主主义基本纲领——政治、经济、文化纲领是新民主主义革命总路线的具体化，是新民主主义理论体系的重要组成部分，将引导中国革命由新民主主义最终走向共产主义。

二、毛泽东关于社会主义革命和社会主义建设的理论

前已有述，毛泽东依据新民主主义革命胜利所创造的向社会主义过渡的经济政治条件，主张采取社会主义工业化和社会

主义改造并举的方针，实行逐步改造生产资料私有制的具体政策，最终完成了"三大改造"，从理论上和实践上解决了在中国这样一个占世界人口近1/4的、经济文化落后的大国中建立社会主义制度的艰难任务。在社会主义改造中，毛泽东提出的对人民内部的民主和对反动派的专政互相结合就是人民民主专政的理论，丰富了马克思列宁主义关于无产阶级专政的学说。在社会主义制度建立以后，毛泽东又提出了一系列具有战略意义的正确思想和方针。主要包括：

第一，关于正确处理社会主义建设中若干重大关系的思想。毛泽东在《论十大关系》的报告中，以苏联经验为借鉴，走自己建设中国特色社会建设道路的思想，提出了调动一切积极因素，建设社会主义的基本方针，并在调查研究、集中党的集体智慧的基础上，从经济、政治等方面阐述了社会主义建设中的十大关系。

第二，关于社会主义社会矛盾的学说。毛泽东在《关于正确处理人民内部矛盾的问题》的重要讲话中，分析了社会主义社会的矛盾及其特点。明确提出了社会主义基本矛盾的概念、社会主义社会两类不同性质矛盾的思想以及正确处理人民内部矛盾的一系列方针。

第三，关于中国工业化道路的思想。毛泽东在《论十大关系》和《关于正确处理人民内部矛盾的问题》的讲话中，反复阐述了社会主义中国应该坚持以农业为基础，正确处理工业和农业的关系，以农、轻、重为序安排国民经济，做到工农业并举，重工业和轻工业并举的适合我国国情的工业化道路思想。

第四，关于发展商品生产，遵守价值规律的思想。毛泽东在纠正"大跃进"和人民公社化错误的过程中，针对取消商品、货币和否定价值规律作用等错误观点，提出了发展商品生产，利用价值规律的思想。

除此之外，毛泽东还提出了人民内部要在政治上实行"团结—批评—团结"，在党与民主党派的关系上实行"长期共存、互相监督"，在科学文化工作中实行"百花齐放、百家争鸣"，在经济工作中实行"统筹兼顾、适当安排"等一系列正确方针；告诫全党在社会主义建设上，不要机械地搬用外国的经验，而要从中国是一个农业大国的情况出发，以农业为基础，正确处理重工业同农业、轻工业的关系，充分重视农业和轻工业，走出一条适合我国国情的中国工业化道路；关于调动一切积极因素，化消极因素为积极因素，团结全国各族人民建设社会主义强大国家的战略思想，等等。这些正确的思想、方针和主张，对后来的中国特色社会主义建设道路的探索具有重要的指导意义。

三、毛泽东关于马克思主义政党建设的理论

在无产阶级人数很少但战斗力很强，农民和其他小资产阶级占人口大多数的国家，建设一个具有广大群众性的、马克思主义的无产阶级政党，是极其艰巨的任务。毛泽东特别注重从思想上建党，他认为，党的思想建设是党的各方面建设的基础。在我们党内，最本质的矛盾是无产阶级思想与非无产阶级思想的矛盾，其中最主要的是无产阶级思想与农民、小资产阶级思想的矛盾。因此，着重于党的思想建设，特别是用无产阶级思想去克服和改造小资产阶级思想。毛泽东还提出：党的思想建设的根本任务是要帮助党员不仅在组织上入党，而且更重要的是在思想上入党，经常注意以无产阶级思想改造和克服各种非无产阶级思想，以保持党的无产阶级先锋队性质。这是毛泽东提出的一项重要建党原则，是把党的思想建设放在首位的具体体现。

毛泽东认为党的思想建设的首要内容就是加强党的理论建

设，因为理论建设是思想建设的基础；加强以党章为主要内容对党员进行的党的基本知识的教育，加强党员的党性修养，提高全体党员的素质。毛泽东还指出了党的思想建设的基本原则，即把坚持对党进行思想教育作为中心环节。掌握思想教育，是团结全党进行伟大政治斗争的中心环节。整风运动是加强党的思想建设的好形式。

毛泽东把辩证唯物主义和历史唯物主义运用于无产阶级政党的全部工作，在中国革命的长期艰苦斗争中形成了具有中国共产党人特色的立场、观点和方法，丰富和发展了马克思列宁主义。它们不仅表现在毛泽东的全部科学著作中，也表现在中国共产党人的革命活动中。

毛泽东思想是马克思主义中国化第一次历史性飞跃的理论成果，是中国共产党和中国人民历尽艰辛获得的宝贵的精神财富，是中国革命和建设的科学指南，是中华民族的精神支柱。

毛泽东思想作为党的指导思想，更是集中体现了中国共产党的这一鲜明特点。毛泽东思想，一方面完全是马克思主义的，另一方面又完全是中国的，是中华民族智慧的最高表现和理论上的最高概括。它是中华民族宝贵的精神支柱，将长期激励和指导我们前进！

第三节　社会主义制度在中国生根发芽

一、从新民主主义到社会主义的转变

新中国成立后，毛泽东提出了从新民主主义到社会主义过渡的理论，进一步丰富和发展了新民主主义理论。他指出，新中国的成立标志着我国新民主主义革命阶段的结束和社会主义革命阶段的开始。从中华人民共和国成立到社会主义改造基本完成，是我国从新民主主义社会到社会主义社会过渡的时期。这一时期我国社会的性质是新民主主义社会。它不是一个独立的社会形态，而是由新民主主义向社会主义转变的过渡性的社会形态。

新民主主义社会存在的主要经济成分有三种：社会主义经济、个体经济和资本主义经济。通过没收官僚资本形成的社会主义国营经济掌握了主要经济命脉，居于领导地位。以农业和手工业为主体的个体经济则在国民经济中占有绝对优势。新民主主义社会要发展成为社会主义社会就要不断扩大国营经济，同时逐步将资本主义经济和个体经济转变为社会主义经济，使

社会主义经济最终成为我国的经济基础。

三种不同性质的经济成分并存决定了新民主主义社会的阶级构成表现为三种基本的阶级力量：工人阶级、农民阶级和其他小资产阶级、民族资产阶级。

由于农民和手工业者的个体经济既可以自发地走向资本主义，也可以被引导走向社会主义，其本身并不代表一种独立的发展方向，因此新民主主义社会的主要矛盾表现为资本主义和社会主义两条道路、资产阶级和工人阶级两个阶级的矛盾。

解决这一矛盾必然使中国社会实现向社会主义的转变。民族资产阶级的两面性在这一时期表现为：既有剥削工人的一面，又有接受工人阶级及其政党领导的一面。因此，民族资产阶级与工人阶级的矛盾也具有两重性，既有剥削者与被剥削者的阶级利益相互对立的对抗性的一面，又有相互合作、具有相同利益的非对抗性的一面。

在新民主主义社会中，由于社会主义的因素在经济上和政治上都已经居于领导地位，并且当时的国际条件有利于社会主义的发展，因此这就决定了社会主义因素将不断增长并获得最终胜利，非社会主义因素不断受到限制和改造将成为可能。

社会主义因素和资本主义因素之间矛盾和斗争的结果决定

了中国社会在一定历史条件下的发展方向。为了促进社会生产力的进一步发展,实现国家富强、民族振兴的目标,我国新民主主义社会必须逐步过渡到社会主义社会。

二、社会主义"三大改造"

社会主义改造究其实质而言就是在国家引导下改变生产资料的所有制结构,即变公有制和非公有制并存的结构为单一的公有制。通过这种方式最大限度地整合资源,加快发展速度。

首先来看对农业、手工业的社会主义改造。以毛泽东为代表的中国共产党人根据马克思列宁主义关于农业社会主义改造的基本原理,从我国农村实际出发,制定并实行了适合中国特点的对农业进行社会主义改造的方针、政策和办法,成功地对农业进行了社会主义改造。

土地改革完成后,我国广大农民从封建剥削制度下解放出来,生产积极性大大提高。但由于小农经济的自身局限性,不仅限制了生产力的进一步发展,而且还会自发地导致两极分化。党中央正确分析了我国农业和农村发展的特点,及时引导农民走互助合作的道路,使农业由分散落后的个体经济转变为合作经济,使农民逐步摆脱贫困状况,受到农民的拥护和支持。毛泽东认为，农民既是私有者又是劳动者，对他们不能采取剥夺的办法，只能引导、说服和教育，通过典型示范的作用，使广大农民认识到合作生产有利于增收脱贫，符合农民的根本利益，从而使其自愿地走合作化道路。土地改革后，贫农、雇农由于分得了土地等生产资料，有半数人迅速上升为中农。根据农村阶级和阶层出现的新状况，党制定并贯彻执行了依靠贫下中农，团结其他中农，发展互助合作，由逐步限制到最后消灭富农剥削的农村阶级政策，使农业合作化进程有了坚实的阶级基础和群众基础。

在对农业进行社会主义改造的同时，也对个体手工业实行了社会主义改造。个体手工业者和个体农民一样都是小私有者，对个体手工业的社会主义改造采取了类似个体农业改造的逐步过渡的方法，同时又根据手工业的特点采取了一些与农业合作化不同的方针政策。最终，手工业者的生产资料全部归集体所有，统一经营，入社人员参加集体劳动，采取按劳分配原则，这是社会主义性质的集体经济组织。在手工业的社会主义改造过程中，党和政府采取说服教育、示范和国家帮助的方法，使手工业者自愿参加到手工业合作社中来，从而把手工业的私有制改变为社会主义的集体所有制。

对资本主义工商业的社会主义改造经历了三个阶段。第一步实行初级形式的国家资本主义。第二步实行个别企业的公私合营，这是高级形式的国家资本主义。第三步是实行全行业的公私合营，这也是高级形式的国家资本主义。根据马克思、恩格斯和列宁的设想，结合中国的具体情况，中国共产党提出了对资本主义工商业实行和平赎买的方针，成功地将资本主义工商企业改造成为社会主义性质的企业。赎买，就是国家有偿地将私营企业转变为国营企业，将资本主义私有制转变为社会主义公有制。通过和平赎买的方式改造资本主义工商业，不仅有利于发挥私营工商业在国民经济中的积极作用，促进国民经济的发展，而且还有利于团结民族资产阶级和民主党派、爱国人士，巩固和发展统一战线。

在对资本主义工商业进行社会主义改造的同时，党和国家也十分重视对资本家个人的改造，对资方在职人员和资方代理人员采取"包下来"的政策，以企业为基地，根据"量才使用，适当照顾"的原则，对他们在政治上适当安排、工作上发挥作用、生活上妥善照顾，把他们改造成为自食其力的劳动者。对企业的改造和对人的改造相结合，改造资本家个人与消灭他们所属的资产阶级相结合，既避免了激烈的阶级对抗，减少了改造的阻力，又推动了生产力的发展和社会的进步。

三、社会主义制度在中国的确立

1956年底，我国对农业、手工业和资本主义工商业的社会主义改造基本完成，这标志着中国结束了长达数千年的剥削制度，实现了由新民主主义社会向社会主义社会的转变，社会主义基本制度在我国初步确立，中国从此进入了社会主义建设的崭新的历史阶段。

社会主义改造的完成，使我国社会经济结构发生了根本变化，社会主义经济成分已占绝对优势，社会主义公有制成为我国社会的经济基础。以此为前提，我国相继建立了一大批旧中国没有的基础工业部门和大中型工业企业，工业技术水平和工程设计能力大大增强，我国初步建立了独立的、完整的工业体系，为社会主义工业化打下了坚实的基础。在社会主义经济基础基本建立的同时，我国的政治领域也发生了重大变化，确立了中国共产党领导的人民民主专政的社会主义基本政治制度。人民代表大会制度、中国共产党领导的多党合作和政治协商制度、民族区域自治制度已经确立。1954年9月召开的第一届全国人民代表大会通过了《中华人民共和国宪法》，为各族人民平等参与国家政治生活提供了法律保障。

至此，我国社会的阶级关系和主要矛盾发生了根本变化。帝国主义和官僚资产阶级已经被消灭。工人阶级队伍进一步壮大，成为国家的领导阶级。随着社会主义改造的完成，亿万农民和个体劳动者已经成为社会主义的集体劳动者，民族资产阶级也成为社会主义劳动者。在中国，剥削阶级作为整个阶级已不存在了，广大劳动人民掌握了生产资料，成为国家和社会的主人。我国社会的主要矛盾已由过渡时期的无产阶级同资产阶级的矛盾进而转变为人民对于经济文化迅速发展的需要同经济文化不能满足人民需要之间的矛盾。党和全国人民面临的主要任务就是通过发展社会生产力来解决这个矛盾，把我国尽快地从落后的农业国变成先进的工业国。

我国社会主义改造的顺利完成是一个伟大的历史性胜利。在这个人口大国里发生的这场深刻而复杂的社会变革不仅没有破坏生产力，反而促进了生产力的大发展；不仅没有引发巨大的社会动荡，反而极大地加强了人民的团结，得到了亿万人民的拥护和支持。这是马克思列宁主义关于社会主义革命理论在中国正确运用和创造性发展的结果。我国的社会主义改造以其独创性的理论原则和实践经验，丰富和发展了马克思主义的科学社会主义理论。正如邓小平所说："我们的社会主义改造是搞得成功的，很了不起。这是毛泽东同志对马克思列宁主义的一个重大贡献。"

第四节 中国特色社会主义理论体系的形成与发展

中国特色社会主义理论体系是改革开放以来党的理论创新所取得的伟大成果的总称，包括邓小平理论、"三个代表"重要思想、科学发展观、中国梦等重大战略思想。中国特色社会主义理论体系坚持和发展了马列主义、毛泽东思想，凝结了几代中国共产党人带领人民不懈探索实践的智慧和心血，标志着我们党对共产党执政规律、社会主义建设规律和人类社会发展规律的认识达到了一个新的水平，是马克思主义中国化的最新成果，是党最可宝贵的政治和精神财富，是全国各族人民团结奋斗的共同思想基础。

一、中国特色社会主义理论体系的形成和发展

20世纪70年代以来，中国的现代化建设面临着双重的艰巨任务：一是从本国实际出发，大力发展生产力，提高综合国

力，使人民摆脱贫困，不断改善生存条件，提高生活质量，在此基础上，赶超发达资本主义国家，逐渐积累战胜资本主义的物质条件。二是要改革僵化的经济体制和政治体制，建立促进社会主义生产力发展的新体制。

面对这样的历史形势和历史任务，我们党在领导改革开放和社会主义现代化建设的实践中，以敢于突破前人和禁区的马克思主义理论勇气和与时俱进的精神，不断探索和回答"什么是社会主义、怎样建设社会主义"的问题，形成了比较系统的关于中国社会主义发展道路、发展阶段、根本任务、发展动力、外部条件、政治保证、战略步骤、领导力量和依靠力量、祖国统一等科学观点，产生了中国特色社会主义理论体系重要部分的邓小平理论。

十四大明确提出并系统阐述了"邓小平同志建设有中国特色社会主义的理论"，十五大将这一理论正式定名为邓小平理论，明确把它作为我们党和国家迈向新世纪的伟大旗帜，并把它写入新修改的党章中。邓小平理论把马克思列宁主义基本原理同当代中国实际和时代特征相结合，既立足中国又面向世界，既总结历史又尊重实践，既重视现实又放眼未来，并且随着实践的发展而发展，创造性地发展了马克思主义，奠定了中国特色社会主义理论体系的基础。

20世纪80年代末以来，尽管时代主题、主要矛盾和主要任务没有发生根本性的改变，但是国际、国内和中国共产党党内情况都发生了重大变化，党所处的地位和环境、党所肩负的历史使命、党的自身状况都出现了许多新情况。

国际上，与经济全球化快速发展相伴随的是新的强权政治，苏东剧变，世界社会主义运动遭受十月革命以来最为严重的挫折和危机，在意识形态上出现了马克思主义的"历史命运"问题。

中国的现实国情、党情发生了巨大变化，1989年，在政治上，发生了给中国社会主义带来严重危机的风波。在经济上，经济过热和经济萎缩交替发生，社会生活发生了广阔而深刻的变化，中国社会主义建设面临巨大挑战。在党情上，经过长期的发展，中国共产党已经从一个领导人民为夺取全国政权而奋斗的党，成为了一个领导人民掌握全国政权并长期执政的党；已经从一个在受到外部封锁的状态下领导国家建设的党，成为在改革开放条件下领导国家建设的党。党的性质虽然没有改变，但是党的地位变了。在对外开放和发展社会主义市场经济的过程中，手中掌握着巨大权力的执政党如何加强自身建设，成为一个亟待解决的新课题。

党的建设在新世纪面临着新形势、新任务、新问题，正是在此背景下，党的十三届四中全会以来，以江泽民为核心的第三代中央领导集体，高举邓小平理论伟大旗帜，在科学判断党的历史方位的基础上，在建设中国特色社会主义的伟大实践中，逐步将治党治国治军的新经验加以概括总结，创立了"三个代表"重要思想，丰富发展了中国特色社会主义理论体系。

国际局势复杂多变，综合国力竞争激烈。随着各国发展实践的推进，人们对发展的认识不断深化，从单纯追求经济增长到注重社会变革的发展，从提出可持续发展到注重以人为中心的社会全面发展，都为我们提供了有益的启示。特别是当前，在经济全球化、政治多极化的曲折发展中，许多国家都在抢抓发展机遇，调整发展战略。这种形势要求我们党必须有清醒的认识，必须把中国的发展放到世界发展的大格局中去思考，努力争取和掌握发展的主动权。

在国内，我国经济社会正处在一个新的历史起点上，也正处于深化改革、加快发展、全面建设小康社会的关键期，出现许多新情况新问题。发展不平衡的矛盾突出，社会建设深层次问题凸显，严重影响社会和谐。面对国际风险、挑战和国内社会问题，以胡锦涛为核心的党中央领导集体着眼于党和国家事业发展的全局，紧密结合国内外形势的发展变化，不断推进实践基础上的理论创新，提出了树立和落实科学发展观、构建社会主义和谐社会、加强党的执政能力和先进性建设、建设社会主义新农村、建设创新型国家、树立社会主义荣辱观、走和平发展道路、推动建设和谐世界等一系列重大战略思想和战略任务。这些战略思想从不同角度构成了内涵丰富的科学发展观，创立了中国特色社会主义理论体系的最新成果。

二、中国特色社会主义理论体系的主题和内容

建设和发展中国特色社会主义，最根本的是要清醒认识和科学回答三大主题："什么是社会主义、怎样建设社会主义"，"建设什么样的党、怎样建设党"，"实现什么样的发展、怎样发展"。对这三大主题的认识程度和把握程度，决定着中国特色社会主义实践和理论的创新程度、丰富程度和深刻程度。中国特色社会主义理论体系紧紧围绕探索和回答这三大主题展开，从实践到理论进行了卓有成效的创造，用一系列紧密联系、相互贯通的新思想、新观点、新论断，深化和丰富了对共产党执政规律、社会主义建设规律、人类社会发展规律的

认识。

改革开放历史新时期的开辟，中国特色社会主义道路的开创，是与邓小平同志对"什么是社会主义、怎样建设社会主义"这个基本问题的不断提出、反复思考紧密联系在一起的。邓小平结合中国新时期的社会主义建设实践，第一次比较系统地回答了在经济文化比较落后的国家，在建立社会主义制度以后，如何巩固、发展和建设社会主义这个新课题。

邓小平理论紧紧抓住这个基本问题，深刻揭示社会主义的本质，指出贫穷不是社会主义，发展太慢也不是社会主义；平均主义不是社会主义，两极分化也不是社会主义；僵化封闭不能发展社会主义，照搬外国也不能发展社会主义；没有民主就没有社会主义，没有法制也没有社会主义；不重视物质文明搞不好社会主义，不重视精神文明也搞不好社会主义。

邓小平理论从时代特征和我国社会主义的发展阶段，从我们党的立党宗旨和治国目标，从我国面临的国际挑战和机遇，全面、系统、深刻地把握我国社会主义初级阶段的根本任务、战略目标、战略步骤、战略布局、战略重点等，第一次比较系统地初步回答了在中国这样经济文化比较落后的国家如何建设社会主义、如何巩固和发展社会主义等一系列基本问题。

党的十三届四中全会以后，以江泽民为核心的党的第三代中央领导集体继续探讨"什么是社会主义、怎样建设社会主义"的问题，从坚持和完善社会主义公有制为主体、多种所有制经济共同发展的基本经济制度到坚持和完善按劳分配为主体、多种分配方式并存的分配制度，从建立社会主义市场经济体制到推进经济结构战略性调整和经济增长方式转变，从推进西部大开发、促进区域协调发展到实施"引进来"和"走出去"相结合的开放战略，从发展社会主义民主政治到建设社会主义法治国家，从发展社会主义先进文化到推动社会主义物质文明、政治文明、精神文明协调发展，从促进世界多极化和国际关系民主化到正确应对和驾驭经济全球化、促进共同发展等，形成了一系列富有独创性的理论成果，在社会主义基本特征、本质要求、主要任务以及社会主义与资本主义的根本区别等重大问题上进一步回答了什么是社会主义、怎样建设社会主义这个基本问题。

党的十六大以来，以胡锦涛为核心的党中央，在新的历史起点上，准确把握进入新世纪新阶段后的世界大趋势和我国的发展变化，顺应人民过上更好生活的新期待，在提出科学发展观的过程中，对"什么是社会主义、怎样建设社会主义"的问题做了进一步回答。提出以人为本、实现全面协调可持续发展、构建社会主义和谐社会、建设社会主义新农村、建设创新型国家、树立社会主义荣辱观、建设社会主义核心价值体系、推动建设和谐世界等新思想、新观点。特别是社会主义和谐社会理论的提出，从崭新的角度对"什么是社会主义、怎样建设社会主义"进行诠释。社会主义和谐社会涵盖了经济关系、政治关系、文化关系和社会关系以及人与自然的关系，使社会主义物质文明、政治文明、精神文明、和谐社会建设与生态文明建设形成合力、全面发展。构建社会主义和谐社会是中国共产党进入21世纪之后对社会主义认识深化的结晶，赋予社会主义本质新的内涵。

马克思主义政党夺取政权不容易，执掌好政权尤其是长期执掌好政权更不容易。党执政以后如何加强自身建设，如何认识、把握和运用共产党执政规律，提高党的执政能力，巩固党的执政地位，完成党的执政使命，是生死攸关、必须下大气力解决好的重大问题，是贯穿于中国特色社会主义道路全过程的重大问题。

1980年2月，邓小平在党的十一届五中全会上，要求全党思考"执政党应该是一个什么样的党"这一重大问题。党的十二大后，当党完成了拨乱反正，确立了开创社会主义现代化建设新局面的总任务后，邓小平又及时地提出了"把我们党建设成为有战斗力的马克思主义政党，成为领导全国人民进行社会主义物质文明和精神文明建设的坚强核心"这一新的建党目标。在党的十四大修改通过的党章中又做了明确规定，即把党建设成为领导全国人民沿着有中国特色社会主义道路不断前进的坚强核心。邓小平紧密联系党的政治路线，针对党的思想、组织和作风等方面的建设提出了一系列重要思想。邓小平还创造性地提出"为了坚持党的领导，必须努力改善党的领导"的思想。

1989年6月，邓小平在同几位中央负责同志谈话时，特别强调："常委会的同志要聚精会神地抓党的建设，这个党该抓了，不抓不行了。"在1992年南方谈话中，他再次强调："中国要出问题，还是出在共产党内部。"这说明，新时期如何加强党的建设，既是邓小平理论的重要内容，也是邓小平留下的重大历史课题。

江泽民深刻分析世纪之交国内外形势的发展变化，正确把握党的历史方位，指出党必须善于在改革开放的新形势下认识自己、加强自己、提高自己，认真研究和解决在自身建设中出现的新矛盾和新问题。要把党建设成为用建设中国特色社会主义理论武装起来、全心全意为人民服务、思想上政治上组织上完全巩固、能够经受住各种风险、始终走在时代前列的马克思主义政党。

"三个代表"重要思想把党的建设新的伟大工程同中国特色社会主义伟大事业紧密联系起来，赋予党的性质、宗旨、指导思想和任务以丰富的时代内容，创造性地回答了"建设什么样的党、怎样建设党"的问题。强调中国共产党必须始终代表中国先进生产力的发展要求，代表中国先进文化的前进方向，代表中国最广大人民的根本利益。强调我们党要不断巩固自己的执政地位，顺应世界发展进步的潮流，就要始终坚持党的先进性。

"三个代表"重要思想不仅是新时期加强和改进党的建设的重要指导思想，而且丰富和发展了马克思主义，是马克思主义中国化的重要理论成果，是不断推进全面建成小康社会建设和中国特色社会主义事业的强大理论武器。十六大以来，以胡锦涛为核心的党中央面对21世纪新的机遇和挑战，重点提出了党的执政能力建设的思想，提出了党的先进性建设的思想。十六届四中全会通过了完善执政能力建设的目标和任务问题。

党的十七大进一步提出必须把党的执政能力建设和先进性建设作为主线，坚持党要管党、从严治党，贯彻为民、务实、清廉的要求，以坚定理想信念为重点，加强思想建设、组织建设、作风建设、反腐倡廉建设，使党始终成为立党为公、执政为民，求真务实、改革创新，艰苦奋斗、清正廉洁，富有活力、团结和谐的马克思主义执政党。

中国特色社会主义理论体系还探索和回答了"实现什么样的发展、怎样发展"这个主题。邓小平高度关注发展问题，明确提出发展是当今世界的两大问题之一，发展对于中国特色社会主义具有决定性意义，把发展问题提到了能否体现社会主义的本质、能否解决中国所有的问题、能否得到人民的拥护、能否最终战胜资本主义的高度。1992年，在南方谈话中，他把这些凝聚为一句话："发展才是硬道理。"认为我们所做的全部事情可以概括为一句话：要发展自己，中国的主要目标是发展。邓小平始终抓住发展这个主要矛盾不放手，多次强调社会主义物质文明和精神文明都搞好，才是中国特色社会主义。邓小平理论还科学谋划我国的发展战略，明确提出分"三步走"基本实现现代化的战略步骤。

"三个代表"重要思想把发展问题同党的性质、党的执政理念联系起来，明确提出发展是我们党执政兴国的第一要务，必须把坚持党的先进性和发挥社会主义制度的优越性落实到发展先进生产力、发展先进文化、实现最广大人民的根本利益上来，推动社会全面进步，促进人的全面发展。

江泽民明确指出中国特色社会主义应是经济、政治、文化协调发展，物质文明、政治文明、精神文明共同进步的社会，并在强调坚持"一个中心，两个基本点"基本路线的基础上，具体阐述了我国社会主义初级阶段的经济、政治、文化纲领，为我国社会主义经济社会全面进步指明了方向。提出并实施西部大开发战略和可持续发展战略，着力解决我国经济社会发展过程中地区之间不平衡及当前发展与未来发展的关系问题。

科学发展观提出要坚持以人为本、全面协调可持续的发展，提出"五个统筹"，强调要正确认识和妥善处理中国特色社会主义事业中的重大关系，努力实现科学发展、和谐发展、和平发展。科学发展观要求必须更加自觉地把推动经济社会发展作为第一要义；必须更加自觉地坚持以人为本的核心立场；必须更加自觉地把全面协调可持续作为发展的基本要求；必须更加自觉地把统筹兼顾作为促进发展的根本方法；必须把构建社会主义和谐社会作为推进经济社会发展的重要目标。构建社会主义和谐社会是现代化建设的客观要求，是广大人民群众的共同愿望，对于推进党和人民的事业不断发展，保证党和国家长治久安，具有十分重要的意义。

科学发展观是中国特色社会主义理论体系的最新成果，是中国共产党集体智慧的结晶，是指导党和国家全部工作的强大思想武器。科学发展观的提出对坚持和发展中国特色社会主义具有重大现实意义和深远历史意义。

中国特色社会主义理论体系对什么是发展、为什么发展、怎样发展，发展为了谁、发展依靠谁、发展成果由谁享有等重大问题进行的富有创造性的探索并取得了丰硕的理论成果，深化并丰富了对人类社会发展规律的认识，使中国共产党对发展问题的认识达到了新的高度。

中国特色社会主义理论体系是发展中国特色社会主义必须长期坚持的重要指导思想。在当代中国，坚持中国特色社会主义理论体系，就是真正坚持马克思主义。它是21世纪中华民族实现伟大复兴的指南。中国特色社会主义的大发展，必将促进世界社会主义的复兴。社会主义必将重振雄风，再造辉煌。

第五节　中国特色社会主义道路的开辟与拓展

一、对中国特色社会主义道路的探索

（一）对社会主义发展阶段的探索

"认清中国的国情，乃是认清一切革命问题的基本的根据。"无论革命和建设都是如此。十一届三中全会以来，邓小平对中国国情进行再认识，做出了我国正处于并长期处于社会主义初级阶段的科学论断，并且在此基础上分析了我国社会的主要矛盾、中心任务，制订了党在初级阶段的基本路线、基本纲领和发展战略。

在社会主义思想发展史上，最早提出社会主义发展阶段问题的是列宁。十月革命后，列宁认为在经济落后的俄国，只能建成"初级形式的社会主义"，而不能立即建成"发达的社会主义"。这个蕴含着社会主义社会由低级到高级发展的思想，没有来得及具体地论述与阐发。我国社会主义制度确立后，毛泽东曾比较正确地提出了我国社会主义的发展阶段问题。

从1961年开始，毛泽东对"大跃进"中出现的问题进行认

真总结，从而对建设社会主义的长期性有了更多难能可贵的认识，他在读苏联《政治经济学教科书》时认为："社会主义这个阶段，又可能分为两个阶段，第一个阶段是不发达的社会主义，第二个阶段是比较发达的社会主义。后一个阶段可能比前一个阶段需要更长的时间。""在我们这样的国家，完成社会主义建设是一个艰巨任务，建成社会主义不要讲得过早了。"这些对于社会主义发展阶段的观点为后来我国社会主义发展阶段的探索提供了有益的启示。但20世纪60年代党的指导思想的长期"左"倾，中断了探索我国社会主义发展阶段的正确之路。

1981年十一届六中全会通过的《关于建国以来党的若干历史问题的决议》，第一次提出我国社会主义制度还处于初级阶段。1982年党的十二大报告和1986年十二届六中全会通过《关于社会主义精神文明建设指导方针的决议》，分别对这个阶段的内容做了一定的分析，但并未做出重点阐述。

党的十三大召开前，邓小平强调："党的十三大要阐述中国社会主义是处在一个什么阶段，就是处在初级阶段，是初级阶段的社会主义。"党的十三大以此论断为基调，首次展开了关于社会主义初级阶段的系统论述，在此基础上提出了党在初级阶段的基本路线，初步形成了社会主义初级阶段的理论。党的十四大，从坚持党在初级阶段基本路线不动摇的高度，重申了初级阶段理论。党的十五大制订了党在社会主义初级阶段的基本纲领，精辟地回答了什么是社会主义初级阶段中国特色社会主义的经济、政治、文化以及怎样建设这样的经济、政治、文化的问题。

党的十六大指出我国处于并长期处于社会主义初级阶段，现在的小康是低水平、不全面的、发展不平衡的小康，要进行长时期的艰苦奋斗。党的十七大指出，我国已取得举世瞩目的成就，但我国处于社会主义初级阶段的基本国情并没有改变，人民日益增长的物质文化需要同落后的社会生产之间的矛盾仍是社会主要矛盾的现实也没有改变。

社会主义初级阶段的内涵包含两层含义：第一，我国社会已经是社会主义社会。我们必须坚持而不能离开社会主义。第二，我国的社会主义社会还处在初级阶段。我们必须从这个实际出发，而不能超越这个阶段。但是需要明确的是初级阶段具有鲜明的中国特性。

社会主义制度的发展和完善是一个长期的历史过程，社会主义初级阶段也是一个很长的历史发展阶段，在发展中要经历若干具体的阶段，不同阶段显现出不同的阶段性特征。党的十七大从经济实力、社会主义市场经济体制、人民生活水平、全面协调发展、社会主义民主政治、社会主义文化、社会活力和对外开放八个方面取得的成就和存在的问题对新世纪新阶段我国发展呈现出新的阶段性特征进行了分析与概括。

邓小平指出："搞社会主义现代化建设是基本路线。要搞现代化建设使中国兴旺起来，第一，必须实行改革、开放政策；第二，必须坚持四项基本原则。"十三大对党的基本路线做了如下概括，即在社会主义初级阶段我们党建设中国特色社会主义的基本路线是：领导和团结全国各族人民，以经济建设为中心，坚持四项基本原则，坚持改革开放，自力更生，艰苦创业，为把我国建设成为富强、民主、文明的社会主义现代化国家而奋斗。党的"一个中心、两个基本点"的基本路线是一个紧密结合的完整统一体。其中，经济建设是核心，是主体，改革开放为经济建设提供动力，四项基本原则为经济建设和改革开放提供可靠的政治保证。

（二）对社会主义改革开放的探索

邓小平的改革开放思想是在指导中国改革开放的过程中逐步完善起来的。1978年10月，邓小平在中国工会第九次全国代表大会上的致辞中，论述了我国必须进行经济改革的必要性和目的。他指出："现在党中央、国务院要求加快实现四个现代化的步伐，并且为此提出了一系列政策和组织措施，中央指出：这是一场根本改变我国经济和技术落后面貌，进一步巩固无产阶级专政的伟大革命。这场革命要大幅度地改变目前落后的生产力，就必须要多方面地改变生产关系，改变上层建筑，改变工农业企业的管理方式和国家对工农业企业的管理方式，使之适应现代化大经济的需要。……各个经济战线不仅需要技术上的重大改革，而且要进行制度上、组织上的重大改革。进行这些改革，是全国人民的长远利益所在，否则，我们不能摆脱目前生产技术和生产管理的落后状态。"

到1992年初的南方讲话，邓小平的改革思想有了突破性的发展。具体体现为："改革是全面的改革，包括经济体制改革、政治体制改革和相应的其他各个领域的改革"；改革的重要性，"不改革就没有出路，旧的那一套经过几十年的实践证明是不成功的"，"要发展生产力，经济体制改革是必由之路"；改革的政策长期不变，"对内经济搞活，对外经济开放，这不是短期的政策，是个长期的政策，至少五十年到七十年不会变"等。

邓小平的对外开放思想，是从三个方面逐步发展而来的。首先，是对我国长期闭关自守、贫穷落后的历史教训进行深刻反思的结果。其次，是对世界经济史发展规律的认识与把握。最后，是对基本国策发展的科学设计。

社会主义改革开放理论的内容主要包括以下几个方面：

（1）改革是一场新的伟大革命。邓小平多次指出，改革的目的是解放与发展生产力。革命是解放生产力，但在无产阶级革命胜利后建立起社会主义制度，还有一个通过改革解放生产力的问题。社会主义的优越性只有在生产力充分发展之后，才能完全显现出来，而不改革我国经济体制和政治体制的弊端，就会束缚生产力的发展，所以改革是发展生产力的必由之路。

（2）改革是社会主义制度的自我完善与发展。邓小平认为改革是一场革命，但这场革命不是抛弃社会主义制度，而是在坚持社会主义制度下的革命，是社会主义制度的自我完善与发展。邓小平多次强调这一观点："改革是社会主义制度的自我完善，在一定的范围内也发生了某种程度的革命性变革。这是一件大事，表明我们已经开始找到了一条建设有中国特色的社会主义的路子。"

（3）改革要大胆地试、大胆地闯。邓小平多次指出："改革开放胆子要大一些，敢于试验，不能像小脚女人一样。看准了，就大胆地试，大胆地闯。"

（4）对外开放是全方位、多层次、宽领域的开放；对外开放的目标是使中国同世界融为一体，成为开放经济；对外开放同自力更生结合，以自力更生为主。

（三）对社会主义市场经济发展道路的探索

我国社会主义制度建立后，选择什么样的经济体制建设社会主义，这成为党执政后一直面临的重大问题。随着我国社会主义工业化体系的逐步建立，计划经济体制的弊端逐渐显现：不能很好实现资源配置功能，这样僵化的经济体制已成为社会主义生产力发展的严重阻力，必须加以改革。正如邓小平所说："社会主义基本制度确立以后，还要从根本上改变束缚生产力发展的经济体制，建立起充满生机和活力的社会主义经济体制，促进生产力的发展。"

1978年发端于中国农村的改革为正确认识市场经济与社会主义的关系提供了丰富的素材。邓小平初次谈到社会主义市场经济的观点是在1979年11月26日："说市场经济只限于资本主义社会，只有资本主义的市场经济，这肯定是不正确的。社主义为什么不可以搞市场经济？市场经济不能说只是资本主义的。"

根据邓小平的这一思路，1981年党的十一届六中全会《关于建国以来党的若干历史问题的决议》中提出"计划经济为主、市场条件为辅"，为社会主义市场经济理论开辟了道路。

1984年在《中共中央关于经济体制改革的决议》中提出了社会主义经济是公有制基础上有计划的商品经济，商品经济是社会经济发展不可逾越的阶段。

1987年党的第十三届全国代表大会明确提出了社会主义初级阶段理论，并要求建立"计划与市场内在统一的体制"。同时提出"计划和市场都是覆盖全社会的"，"国家调控市场，市场引导企业"等论断。

1990年12月，邓小平一针见血地指出资本主义与社会主义的区别不在于计划多一点还是市场多一点。1993年，邓小平在南方谈话中再次论述了这个观点："计划多一点还是市场多一点，不是社会主义与资本主义的本质区别。计划经济不等于社会主义，资本主义也有计划；市场经济不等于资本主义，社会主义也有市场。计划和市场都是经济手段。"这个论断为形成社会主义市场经济理论奠定了坚实的基础。

党的十四大明确把建立社会主义市场经济体制作为我国经济体制改革的目标，并对社会主义市场经济体制的内容做了概括。

社会主义市场经济理论的主要内容主要有：社会主义市场经济和资本主义市场经济的根本区别在于所有制基础不同。社会主义市场经济中计划和市场都是经济手段，都是方法。要处理好计划与市场的关系；发展社会主义市场经济，必须发挥市场机制的长处和在配置资源方面的重要作用，也必须加强和改善国家宏观调控；社会主义市场经济必须坚持按劳分配为主体、多种分配方式并存的制度。

邓小平认为，在社会主义市场经济条件下，个人收入分配，必须坚持以按劳分配为主体、多种分配方式并存的制度，体现效率优先、兼顾公平的原则；社会主义市场经济必须依靠科技和教育。没有科学技术的高速度发展，也不可能有国民经济的高速度发展。

社会主义市场经济理论的创新意义在于，它开拓了社会主义建设的新道路，也开创了社会主义经济体制改革的新阶段；它解决了经济比较落后的国家在社会主义制度建立以后，如何建设社会主义的发展道路问题；它开创了社会主义经济体制改革的新阶段，指明了改革既遵循市场经济的一般规律，也要坚持社会主义方向的现实途径，对中国特色社会主义做出了重大贡献。

二、中国特色社会主义道路的内涵和原则

中国特色社会主义道路是中国共产党在长期的革命、建设和改革过程中逐渐探索形成的符合中国实际的发展道路。总体来说，中国特色社会主义道路要求把马克思主义的普遍真理同本国的具体实际结合起来，一方面要坚持马克思主义的基本原理，走社会主义道路；另一方面必须从中国的实际出发，不照抄照搬别国经验、模式，走适合中国特点的道路，逐步实现工业、农业、国防和科学技术现代化，把中国建设成为富强、民主、文明、和谐的社会主义国家。

中国共产党依据毛泽东倡导的马克思主义普遍真理同中国具体实际相结合的原则，总结长期探索所积累的经验，特别是十一届三中全会以来的实践，深刻地认识到建设中国社会主义的规律，在十二大提出"走自己的路，建设有中国特色的社会主义"的科学论断以来，中共十三大、十四大、十五大、十六大、十七大、十八大都始终强调高举中国特色社会主义伟大旗

帜。以后，连续五次党代会的政治报告标题中，均有"中国特色社会主义"字样和关于中国特色社会主义道路的阐述。其中，十七大报告题为《高举中国特色社会主义伟大旗帜　为夺取全面建设小康社会新胜利而奋斗》。报告指出，改革开放以来我们取得一切成绩和进步的根本原因，归结起来就是：开辟了中国特色社会主义道路，形成了中国特色社会主义理论体系。在当代中国，坚持中国特色社会主义道路，就是真正坚持社会主义。坚持中国特色社会主义理论体系，就是真正坚持马克思主义。

中国共产党第十八次全国代表大会，胡锦涛代表第十七届中央委员会向大会做了题为《坚定不移沿着中国特色社会主义道路前进，为全面建成小康社会而奋斗》的报告。

报告明确指出：中国特色社会主义道路，就是在中国共产党领导下，立足基本国情，以经济建设为中心，坚持四项基本原则，坚持改革开放，解放和发展社会生产力，建设社会主义市场经济、社会主义民主政治、社会主义先进文化、社会主义和谐社会、社会主义生态文明，促进人的全面发展，逐步实现全体人民共同富裕，建设富强民主文明和谐的社会主义现代化国家。

"全面建成小康社会，加快推进社会主义现代化，实现中华民族伟大复兴，必须坚定不移走中国特色社会主义道路。"这是十八大报告向党内外、国内外简明鲜明的庄严宣示。"坚持和发展中国特色社会主义道路是报告最鲜明的特色，是贯穿报告始终的一条红线。中国共产党最大的贡献在于，30多年前选择了改革开放之路，开辟了中国特色社会主义道路。"

十八大报告中再次告诫全党"既不妄自菲薄，也不妄自尊大"、"全党要坚定这样的道路自信、理论自信、制度自信，""不动摇、不懈怠、不折腾"。

胡锦涛强调，建设中国特色社会主义，总依据是社会主义初级阶段，总布局是"五位一体"，总任务是实现社会主义现代化和中华民族伟大复兴。在新的历史条件下夺取中国特色社会主义新胜利，必须坚持人民主体地位，必须坚持解放和发展社会生产力，必须坚持推进改革开放，必须坚持维护社会公平正义，必须坚持走共同富裕道路，必须坚持促进社会和谐，必须坚持和平发展，必须坚持党的领导。其中这八条也是坚持和发展中国特色社会主义道路的基本原则，具有强烈的现实针对性、长远指导性，将是未来中国特色社会主义道路永葆生命力的源泉。

中国特色社会主义道路之所以是中国发展进步之路，关键在于既坚持了科学社会主义基本原则，又根据时代条件赋予其鲜明的中国特色，这就是十八大报告中所说的实践特色、理论特色、民族特色、时代特色。丰富中国特色社会主义时代特色，就是要更加注重弘扬时代旋律，使中国特色社会主义紧贴时代脉搏、顺应时代潮流、吸纳时代精华，从而具有远大美好的前景。

第六节　中国特色社会主义制度的确立与完善

中国共产党十八届三中全会指出："党的十一届三中全会召开35年来，我们党以巨大的政治勇气，锐意推进经济体制、政治体制、文化体制、社会体制、生态文明体制和党的建设制度改革，不断扩大开放，决心之大、变革之深、影响之广前所未有，成就举世瞩目。"充分肯定了30多年来，中国共产党各项制度建设方面所取得的成就。

一、各项基本制度的完善

民主政治的各项制度安排是能够比较成功地、一劳永逸地解决社会安定与合法性危机、更有效地确立和维护合法性的途径，党的政治合法性的巩固也通过不断发展社会主义民主来实现。《关于建国以来党的若干历史问题的决议》总结性地提出了社会主义逐步建设高度民主的社会主义政治制度必须有高度的精神文明。

党的十三大制定的把我国"建设成为富强、民主、文明的社会主义现代化国家"的基本路线，实际上就是两个文明加民主的"三位一体"的目标。十五大制定的基本纲领有三大方面：建设有中国特色社会主义的经济、建设有中国特色社会主义的政治、建设有中国特色社会主义的文化。2001年1月，江泽民在全国宣传部长会议上的讲话中明确提出："法治属于政治建设、属于政治文明，德治属于思想建设、属于精神文明。"不仅正式使用了"政治文明"的概念，而且把它同"精神文明"并列起来。

十一届三中全会以来，党主要通过加强中国共产党领导的多党合作和政治协商的政党政治、完善人民代表大会制度、民族区域自治制度和基层群众自治制度，积极惩治腐败，加强党风建设，把坚持党的领导、保证人民当家做主、实行依法治国三者有机统一，不断推进和发展社会主义民主政治实现政治权威转型。

第一，坚持和完善人民代表大会制度。十一届三中全会以来，在党的领导下，我国人民代表大会制度取得了一系列新的进展：（1）扩大了全国人大常委会的职权并加强了它的组织，将原来属于全国人大的一部分立法权交给人大常委会行使，同时增设了民族、法律、财经、教科文卫、外事、华侨等专门委员会。（2）加强了县级以上各级人大对同级政府、法院、检察院的监督。（3）赋予了各省、自治区、直辖市、省会城市和经国务院批准的较大城市的人大及其常委会制定地方性法规的权力。（4）把直接选举人民代表的范围扩大到县一级，人民代表由等额选举改为差额选举。

第二，坚持和完善共产党领导的多党合作和政治协商制度。改革开放之初，邓小平就强调，"在中国共产党的领导下，实行多党派的合作，这是我国具体历史条件和现实条件所决定的，也是我国政治制度中的一个特点和优点"，并指出资本主义国家的"多党制是资产阶级互相倾轧的竞争状态所决定的"，这是"它们的弱点而不是强点"。此后，中共中央发布了《关于坚持和完善中国共产党领导的多党合作和政治协商制度的意见》，使多党合作作为我国的一项基本政治制度，走上了制度化、规范化的轨道。

第三，进一步坚持了民族区域自治制度。通过建国初的发展经验，我们总结出民族区域自治制度是适合中国情况的，有利于国家的统一和社会的稳定，有利于促进各民族的共同繁荣。到1992年，我国先后建立了5个自治区，30个自治州，124个自治县。在少数民族自治地区，还建立了1700多个民族乡，为实现民族团结发展起到了重要的促进作用。

第四，不断加强了基层民主建设。基层民主建设不仅是社会主义民主政治建设的基本内容，更是保障公民直接行使民主权利的重要途径。城市居民委员会和农村村民委员会是城市和农村中最基本的社会组织机构，是基层政权不可缺少的依靠力量。

十一届三中全会以来，我国基层民主建设的基本特征是：中国共产党领导和支持广大人民在城乡基层自治组织中，依法直接行使民主选举、民主决策、民主管理和民主监督的权利，对所在基层组织的公共事务和公益事业实行民主自治。

20世纪80年代初，为了规范和推进农村基层民主的发展，党和政府相继出台了一系列的法律、法规和文件，正式确立了村民委员会作为农村基层群众性自治组织的法律地位，初步形成了一套制度化的农村基层民主运作模式。随着城市各项改革的深入，以社区居民自治为核心的我国城市基层民主建设工作也逐步开展起来。在这些组织中，广大人民群众通过民主选举选出委员会成员，民主讨论决定本委员会的重大事务，直接地、充分地行使自己所享有的管理国家的权利，对各级领导实行监督。民主是人民的一项政治权利，随着改革开放的深化、社会主义现代化事业的发展，人民群众对民主的要求十分迫切，对此我们应该支持和鼓励。

二、党的领导制度和干部制度的完善

十一届三中全会之后经过对"文革"的痛苦反思，党深刻认识到建立各项制度提高党的领导能力对于维护政治合法性的重要作用，认为必须在理性的基础上建立起整个制度的权威。

1980年，邓小平在中央政治局扩大会议上，专门作了"党和国家领导制度的改革"的重要讲话。他总结了我们党和国家过去的历史经验，特别是"文革"发生的教训，沉痛指出，"我们过去发生的各种错误，固然与某些领导人的思想、作风有关，但是组织制度、工作制度方面的问题更重要。这些方面的制度好可以使坏人无法任意横行，制度不好可以使好人无法充分做好事，甚至会走向反面。即使像毛泽东同志这样伟大的人物，也受到一些不好的制度的严重影响。很多问题的发生，"不是说个人没有责任，而是说领导制度、组织制度问题更带有根本性、全局性、稳定性和长期性。这种制度问题，关系到党和国家是否改变颜色，必须引起全党的高度重视"。

党的制度建设是一个系统工程，涉及到方方面面，民主集中制则是贯穿于其中的一根红线，是一条必须遵守的准则。改革开放以来主要形成了关于党的制度建设的基本思想：

第一，关于党的领导制度问题。改革党的领导制度，根本点就是要解决权力过分集中的领导体制。权力过分集中，妨碍社会主义民主制度和党的民主集中制的实行，妨碍社会主义建设的发展，妨碍集体智慧的发挥，容易造成个人专断，破坏集体领导，也是在新的条件下产生官僚主义的一个重要原因。解决的办法就是权力下放，实行党政分开，并严格明确机关及个人的职责权限，同时明确党政、党法之间的关系。

第二，关于党的组织制度问题。组织制度的建设，主要是干部制度的改革和完善。正如邓小平所说："现在我们面临的问题是缺少一批年富力强的、有专业知识的干部，而没有这样一批干部，四个现代化就搞不起来。"关于选拔干部，改革开放以来主要按照"四化"的标准选拔德才兼备的干部，努力"实现干部队伍的革命化、年轻化、知识化、专业化"。为了实现新老干部交替，逐渐建立了退休制度，废除领导干部职务终身制。根据邓小平改革和完善干部制度的思想，党中央发布了《关于严格按照党的原则选拔使用干部的通知》《关于实行干部考核制度的意见》《关于县级党政机关机构改革若干问题的通知》和《关于建立老干部退休制度的决定》，对党的组织人事制度做了突破性的改革，使其更加适应社会主义现代化的要求。

第三，关于党的工作制度问题。（1）调查研究制度。邓小平是这一制度的大力倡导者，在他的指导下，党的十一届三中全会以来，全党大兴调查研究之风，调查研究正在逐步制度化、法规化。（2）民主协商制度。即每逢重大事件、重大决定，我们党都要在党内外进行民主协商。（3）请示报告制度。每逢大事，下级都要向上级请示报告，领导个人要向集体请示报告，领导机关要定期向所属范围的党员大会或代表大会请示报告。（4）工作检查报告。在邓小平的倡导下，党的各项工作检查制度也在逐步走向制度化。（5）工作总结制度。党的工作要一切经过实践，及时总结经验，逐步推广，对的就坚持，错的及时改正。他坚决反对搞形式主义花架子。

第四，关于党的监督制度问题。健全和完善党的监督制度，对于保证党的路线、方针、政策的正确执行，防止各种滥用权力的现象发生，及时揭露和纠正党员干部的违法乱纪行为，具有重要意义。

（1）建立健全党内监督制度。党内必须坚持民主集中制和民主生活制度，通过这些制度来达到使领导集体中的每一个成员都受到整个集体的监督和制约；强调要加强纪律检查委员会的工作，通过党的专门机构，检查党员的遵纪守法的情况；强调组织部门要对干部实行鉴定制度，把干部的管理工作同政治、业务的检查监督工作结合起来，促使干部勤政廉政，真正成为人民的公仆。在邓小平的主持下，党中央颁布了一系列党内规章制度，如：《关于党内政治生活的若干准则》《关于高级干部生活待遇的若干规定》《关于对党员干部加强党内纪律监督的若干规定（试行）》等，为党内监督的正常开展提供了制度上的根据。

（2）建立健全群众的监督制度。邓小平提出："要有群众监督制度，让群众和党员监督干部，特别是领导干部。凡是搞特权、特殊化，经过批评教育而又不改的，人民就有权进行检举、控告、弹劾、撤换、罢免,要求他们在经济上退赔,并使他们受到法律、纪律处分。"

(3)建立健全纪检监督机构。邓小平多次主张要强化纪检监督工作,认为"各级纪检委员会和组织部门的任务不只是处理案件,更重要的是维护党规党纪,切实把我们的党风搞好。对违反党纪的,不管是什么人,都要执行纪律,做到功过分明,赏罚分明,伸张正义,打击邪气"。

改革开放以来,以邓小平为核心的党的第二代中央领导集体高度重视防腐反腐问题,进行了反腐倡廉建设的一系列探索实践。1978年12月,中共中央成立了以陈云为第一书记的中共中央纪律检查委员会,拉开了加强党纪国法、以制度反腐的序幕。

1979年11月,中共中央、国务院颁布《关于高级干部生活待遇的若干规定》;1980年2月,中共十一届五中全会正式通过《关于党内政治生活的若干准则》。同时,社会主义民主和法制建设步伐加快。1979年,担任国家法律监督职能的最高人民检察院得以重建;6月,五届全国人大二次会议通过《刑法》《刑事诉讼法》,其中对腐败现象列专项制裁;1986年12月,六届全国人大常委会第十八次会议决定设立中华人民共和国监察部，同纪检部门共同打击腐败，廉政建设和反腐败斗争揭开了新的一页。

中共十三届四中全会之后，以江泽民为核心的党的第三代中央领导集体，始终高度重视反腐败工作。江泽民深刻揭示了腐败产生的根源和本质："从本质上说，腐败现象是剥削阶级和剥削制度的产物。"为此，他强调反腐倡廉工作要逐步实现民主化、制度化、法制化，"要通过体制创新逐步铲除腐败现象滋生的土壤和条件"；要加强党的思想政治建设，"从思想上筑牢反腐倡廉、拒腐防变的堤防"。同时，他提出了"惩治腐败，要作为一个系统工程来抓，标本兼治，综合治理，持之以恒"的总体思路，强调"坚持标本兼治，教育是基础，法制是保证，监督是关键。通过深化改革，不断铲除腐败现象滋生蔓延的土壤。党委统一领导，党政齐抓共管，纪委组织协调，部门各负其责，依靠群众的支持和参与"，才能有效遏制腐败现象。

在中共中央、国务院坚强有力的领导下，反腐败工作从侧重治标转向标本兼治、逐步加大治本力度。各地区各部门针对腐败现象易发、多发的部位和环节，积极主动地改革体制机制和制度，力争从源头上预防和治理腐败。中共中央制订了《中国共产党党员领导干部廉洁从政若干准则（试行）》等多项新规定，进一步规范了领导干部的从政行为。《党政领导干部选拔任用工作条例》和《深化干部人事制度改革纲要》得到贯彻实施。一些腐败案件多发的部门和领域（如海关、金融、建筑等），案件多发的势头有所遏制。

三、社会主义法制体系的建立

所谓法治政府，就是要把宪法和法律作为政府一切工作的根本原则，政府必须严格依法行政，按照法定权限和程序行使权力，履行职责，加强政府立法，规范行政执法，完善行政监督，不断提高行政能力。法治政府的理念就是要求政府要在法律的统治之下，行政从属于法律，法律优越于行政，行政权力要受到法律的控制，政府不能凌驾于法律之上，政府是在法律规范和控制之下的政府。

法治政府的目的是维护公民的权利和自由，而不是维护政府的特殊权力，是要求法律面前人人平等，一切行为都要服从于法律，所有社会成员包括政府在内都要依法办事。依法行政不仅是政府依据法律法规治理社会和公民，而且社会和公众也可以依法治官、依法告官、在法治政府和依法行政理念的指导下，政府逐渐从一个以法律为工具的政府走向了以法律为轨道的政府，从一个在法律之上的政府走向了在法律统治之下的政府。

健全社会主义法制是确保党执政合法性向法理型转变的重要保障。不管是党内民主集中制，还是基层民主选举制度和适度民主取向的政治体制改革，抑或是共产党领导下的多党合作与政治协商制度，不管是从民主的价值取向还是民主的目标取向来看，这都是从选择主体（党）的主观愿望角度而言的，要想使主观的追求变成现实，还必须少不了制度化的保障。

具体地说就是民主建设要以健全的法制作为制度保障，民主的发展要在法制规定的范围内进行，二者是互为条件与相互统一的。所以说社会主义民主和社会主义法制是密不可分、相互依存、互相制约的。社会主义民主是社会主义法制的前提和基础，社会主义法制则为社会主义民主的发展提供法律保障。所以十一届三中全会后逐渐达成了"为了保障人民民主，必须加强法制。必须使民主制度化、法律化，使这种制度和法律不因领导人的改变而改变，不因领导人看法和注意力的改变而改变"的共识。

确定了法制建设基本方针，即："我们要在全国坚决实行这样的一些原则：有法可依，有法必依，执法必严，违法必究，在法律面前人人平等。"这就把立法、执法、守法联结成为统一的整体，全面系统地规范了法制建设的基本要求。

第一，加快立法，逐步完善法律体系。据统计，改革开放以来，全国人大及其常委会除制定了现行宪法和两个宪法修正案外，共制定了77个法律和有关法律问题的决定，国务院制定700多个行政法规；地方人大及其常委会制定的地方性法规近4200多件。这样以宪法为核心和基础的、有中国特色社会主义的法律体系的框架已初步形成。制定了一系列的制度措施来保障法治政府的构建和依法行政的实施，1994年颁布《国家赔偿法》，1996年颁布《行政处罚法》，1999年颁布《行政复议法》，2000年颁布《立法法》，2002年颁布《政府采购法》，2004年颁布《全面推进依法行政实施纲要》，此外《预算法》《审计法》《国务院组织法》《地方人大和地方政府组织法》和《公务员法》等这些法律法规的颁布实施，以法律的形式对政府的行为加强了约束。法治政府和依法行政提供的合法性就在于政府行为的规范性所带给人民的信任，克服以前人治政府的传统和弊病，人们可以预测政府的行为，政府的行为也必须依据法律而不是依据行政人员的随心所欲和个人爱好，这样人们对政府的认同也就更为持久和强烈。

第二，扩大政法队伍规模，提高政法队伍素质。随着改革开放的深入，我国各级政法机关通过各种形式提高政法人员的素质，取得了比较明显的效果。特别是《人民警察警阶条例》《法官法》《检察官法》《律师法》等法律法规的制定，对全面提高我国政法队伍素质，使政法队伍走向正规化、法制化有着重要作用。

第三，加强法制宣传教育，提高公民的法律意识和法制观念。从1986年起，全国开展了大规模的前所未有的普法教育活动，取得了良好的成效。据统计，截至1992年8月，全国7.5亿普法对象中（占全国总人口数的70%），有7亿人参加了普法学习，占普法对象总数的93%。大规模的普法教育，对于普遍加强和提高全体公民的法制观念和法律意识，推进社会主义民主政治建设具有重要意义。

在邓小平有关民主法制思想的指导下，经过中央和地方各级人大和各级政府的共同努力，我国初步建立起了一整套社会主义的法律、法规体系，初步扭转了过去相当长一个时期我国法律不完备、无法可依的局面，树立了法理性权威，加强与构建了党执政合法性的法理基础。改革开放以来，中国人民不仅在享受经济发展所带来的甜蜜果实,同时也在享受因政治进步而带来的丰硕成果。中国人民因言获罪、动辄得咎、无情打击、残酷斗争的可怕时代已经成为过去。

第七节 中国特色社会主义的光辉未来

中国特色社会主义是科学社会主义理论在中国实践的具体形态。中国共产党十八大报告指出:建设中国特色社会主义,总依据是社会主义初级阶段,总布局是"五位一体",总任务是实现社会主义现代化和中华民族伟大复兴。中国特色社会主义,既坚持了科学社会主义基本原则,又根据时代条件赋予其鲜明的中国特色,以全新的视野深化了对共产党执政规律、社会主义建设规律、人类社会发展规律的认识,从理论和实践的结合上系统地回答了在中国这样人口多底子薄的东方大国建设什么样的社会主义、怎样建设社会主义这个根本问题,使我们国家快速发展起来,使我国人民生活水平快速提高起来。实践充分证明,中国特色社会主义是当代中国发展进步的根本方向,只有中国特色社会主义才能发展中国。

中国共产党十八届三中全会做出了《中共中央关于深化文

化体制改革的决定》（以下简称《决定》），明确了进一步深化改革的指导思想、主要任务和总体目标等。

《决定》指出："实践发展永无止境，解放思想永无止境，改革开放永无止境。面对新形势新任务，全面建成小康社会，进而建成富强民主文明和谐的社会主义现代化国家、实现中华民族伟大复兴的中国梦，必须在新的历史起点上全面深化改革，不断增强中国特色社会主义道路自信、理论自信、制度自信。"

《决定》强调："全面深化改革，必须高举中国特色社会主义伟大旗帜，以马克思列宁主义、毛泽东思想、邓小平理论、'三个代表'重要思想、科学发展观为指导，坚定信心，凝聚共识，统筹谋划，协同推进，坚持社会主义市场经济改革方向，以促进社会公平正义、增进人民福祉为出发点和落脚点，进一步解放思想、解放和发展社会生产力、解放和增强社会活力，坚决破除各方面体制机制弊端，努力开拓中国特色社会主义事业更加广阔的前景。"

《决定》还明确了深化改革的总目标："全面深化改革的总目标是完善和发展中国特色社会主义制度，推进国家治理体系和治理能力现代化。必须更加注重改革的系统性、整体性、协同性，加快发展社会主义市场经济、民主政治、先进文化、和谐社会、生态文明，让一切劳动、知识、技术、管理、资本的活力竞相迸发，让一切创造社会财富的源泉充分涌流，让发展成果更多更公平惠及全体人民。"

《决定》以六个"紧紧围绕"指出了改革的基本方式，以四个"坚持"阐明了改革的基本经验，以"社会主义市场经济""民主政治""先进文化""和谐社会""生态文明"分述了改革的总体目标，以"坚持和完善基本经济制度""加快完善现代市场体系""加快转变政府职能""深化财税体制改革"等15个方面布局了改革的具体举措，将"中国改革往哪里去"的答案写在了字里行间。这次改革号角的吹响是对十一届三中全会以来改革开放的深化，是中国特色社会主义制度、道路和理论体系的自我完善，是中国特色社会主义发展的新阶段。

发展中国特色社会主义是一项长期的艰巨的历史任务，必须准备进行具有许多新的历史特点的伟大斗争。我们一定要毫不动摇地坚持、与时俱进地发展中国特色社会主义，不断丰富中国特色社会主义的实践特色、理论特色、民族特色、时代特色。

首先，我们必须清醒认识到，我国仍处于并将长期处于社会主义初级阶段的基本国情没有变，人民日益增长的物质文化需要同落后的社会生产之间的矛盾没有变，我国是世界最大的发展中国家的国际地位没有变。在任何情况下都要牢牢把握社会主义初级阶段这个最大国情，推进任何方面的改革发展都要牢牢立足社会主义初级阶段这个最大实际。在中国特色社会主义伟大实践中，既不妄自菲薄，也不妄自尊大，扎扎实实夺取中国特色社会主义新胜利。

其次，必须坚持中国共产党在中国特色社会主义事业的领导核心地位。要坚持立党为公、执政为民，加强和改善党的领导，坚持党总揽全局、协调各方的领导核心作用，保持党的先进性和纯洁性，增强党的创造力、凝聚力、战斗力，提高党科学执政、民主执政、依法执政水平。

在政治上，必须坚持人民主体地位。中国特色社会主义是亿万人民自己的事业。要发挥人民的主人翁精神，坚持依法治国这个党领导人民治理国家的基本方略，最广泛地动员和组织人民依法管理国家事务、管理经济和文化事业、积极投身社会主义现代化建设，更好地保障人民权益，保障人民当家做主。

在经济上，必须坚持解放和发展社会生产力，继续推进改革开放。解放和发展社会生产力是中国特色社会主义的根本任务。要坚持以经济建设为中心，以科学发展为主题，以全面推进经济建设、政治建设、文化建设、生态文明建设，实现以人为本、全面协调可持续的科学发展。

要始终把改革创新精神贯彻到治国理政的各个环节，坚持社会主义市场经济的改革方向，坚持对外开放的基本国策，不断推进理论创新、科技创新、文化创新以及其他各方面的创新，不断推进我国社会主义制度自我完善和发展。

在社会建设方面，必须坚持维护社会公平正义。公平正义是中国特色社会主义的内在要求。要在全体人民共同奋斗、经济社会发展的基础上，加快建设对保障社会公平正义具有重大作用的制度，逐步建立以权利公平、机会公平、规则公平为主要内容的社会保障体系，努力营造公平的社会环境，保证人民平等参与、平等发展的权利。

要把保障和改善民生放在更加突出的位置，加强和创新社会管理，正确处理改革发展稳定的关系，团结一切可以团结的力量，最大限度地增加和谐因素，增强社会创造活力，确保人民安居乐业、社会安定有序、国家长治久安，不断推进社会主义和谐社会建设。

就像党的十八大报告所号召的那样：只要我们胸怀理想、坚定信念，不动摇、不懈怠、不折腾，顽强奋斗、艰苦奋斗、不懈奋斗，就一定能在中国共产党成立一百年时全面建成小康社会，就一定能在新中国成立一百年时建成富强民主文明和谐的社会主义现代化国家。全党要坚定这样的道路自信、理论自信、制度自信!

一、全面提高马克思主义执政党建设科学化水平，保证坚强领导核心地位

中国共产党是中国特色社会主义的坚强领导核心，担负着团结带领人民全面建成小康社会、推进社会主义现代化、实现中华民族伟大复兴的重任。党坚强有力，党同人民保持血肉联系，国家就繁荣稳定，人民就幸福安康。形势的发展、事业的开拓、人民的期待，都要求我们以改革创新精神全面推进党的建设新的伟大工程，全面提高党的建设科学化水平。

中国共产党始终牢记，只有植根人民、造福人民，党才能始终立于不败之地；只有居安思危、勇于进取，党才能始终走在时代前列。新形势下，党面临的执政考验、改革开放的考验、市场经济的考验、外部环境的考验是长期的、复杂的、严

峻的。精神懈怠危险、能力不足危险、脱离群众危险、消极腐败危险更加尖锐地摆在全党面前。不断提高党的领导水平和执政水平、提高拒腐防变和抵御风险能力，是党巩固执政地位、实现执政使命必须解决好的重大课题。

在中国特色社会主义建设的关键时期，中国共产党更要坚定自己的领导核心地位，坚定理想信念，坚守共产党人的精神追求；坚持以人为本、执政为民，始终保持党同人民群众的血肉联系；积极发展党内民主，增强党的创造活力；深化党的干部人事制度改革，建设高素质执政骨干队伍；坚持党管人才原则，把各方面优秀人才集聚到党和国家事业中来；创新基层党建工作，夯实党执政的组织基础；坚定不移反对腐败，永葆共产党人清正廉洁的政治本色；严明党的纪律，自觉维护党的集中统一。

二、坚持和发展中国特色社会主义政治体制，让人民享有人生出彩机会

人民民主是我们中国共产党始终高扬的光辉旗帜。改革开放以来，中国共产党总结发展社会主义民主正反两方面经验，强调人民民主是社会主义的生命，坚持国家一切权力属于人

民,不断推进政治体制改革,社会主义民主政治建设取得重大进展,成功开辟和坚持了中国特色社会主义政治发展道路,为实现最广泛的人民民主确立了正确方向。

近年来,中国坚持积极稳妥推进政治体制改革,扩大社会主义民主,加快建设社会主义法治国家,发展社会主义政治文明。中国努力健全民主制度,丰富民主形式,扩大公民有序参与政治,保证公民依法行使民主权利。不断深化行政体制改革,推进司法体制和工作机制改革,保障人民依法享有广泛的权利和自由。通过各级人民代表大会制度、社会主义协商民主制度、基层群众自治制度等基本的政治制度有效行使国家权力或参与国家事务。

随着改革的深入,经济体制发生了深刻变化,社会结构出现了明显变动,思想观念发生了深刻变化,再加上信息技术的迅猛发展,中国人民的参政热情、知情范围和表达空间也需要不断拓展。人民要求更深入、更平等地参与到国家建设和发展的各项事业中来。这也为我国当前的政治改革和信息公开化程度提出了更高的要求。因此,中国特色社会主义要想继续保持旺盛的生命力,就必须继续积极稳妥推进政治体制改革,发展更加广泛、更加充分、更加健全的人民民主。

必须坚持党的领导、人民当家做主、依法治国有机统一，以保证人民当家做主为根本，以增强党和国家活力、调动人民积极性为目标，扩大社会主义民主，加快建设社会主义法治国家，发展社会主义政治文明。要更加注重改进党的领导方式和执政方式，保证党领导人民有效治理国家；更加注重健全民主制度、丰富民主形式，保证人民依法实行民主选举、民主决策、民主管理、民主监督；更加注重发挥法治在国家治理和社会管理中的重要作用，维护国家法制统一、尊严、权威，保证人民依法享有广泛权利和自由。要把制度建设摆在突出位置，充分发挥我国社会主义政治制度的优越性，积极借鉴人类政治文明的有益成果，决不照搬西方政治制度模式。

在第十二届全国人民代表大会第一次会议闭幕式上，习近平指出：要让生活在我们伟大祖国和伟大时代的中国人民，共同享有人生出彩的机会，共同享有梦想成真的机会，共同享有同祖国和时代一起成长与进步的机会。就是要保证人民基本的公民权利和政治权利，就是要保证社会的公平公正。具体来说，要从以下几方面健全中国特色社会主义政治制度和体系：支持和保证人民通过人民代表大会行使国家权力；健全社会主义协商民主制度；完善基层民主制度；全面推进依法治国；深化行政体制改革；建立健全权力运行制约和监督体系；巩固和发展最广泛的爱国统一战线。

三、确保市场在资源配置中的决定性作用和更好发挥政府作用，让人民基本生活更保障

以经济建设为中心是兴国之要，发展仍是解决我国所有问题的关键。只有推动经济持续健康发展，才能筑牢国家繁荣富强、人民幸福安康、社会和谐稳定的物质基础。必须坚持发展是硬道理的战略思想，决不能有丝毫动摇。

改革开放以来，我国经济平稳快速发展为民生改善奠定了基础，创造了条件，使得城乡居民收入逐年增长，人民的生活水平显著提高。随着经济的快速增长，社会建设也呈现出前所未有的快速发展局面，形成了一整套系统的社会建设的方针政策，建立了覆盖城乡的世界最大的社会保障体系，城镇化水平大大提高，我国的社会结构发生了巨大变化。尤其是近些年对于医疗卫生、食品药品、教育体育、社会保障、住房就业等民生领域的关注，对于民生幸福的追求和民生价值的升华更是让人民的总体生活质量上了一个新台阶。

在当代中国，必须坚定地坚持发展是硬道理的总体思路，

以科学发展为主题，以加快转变经济发展方式为主线，是关系我国发展全局的战略抉择。要适应国内外经济形势新变化，加快形成新的经济发展方式，把推动发展的立足点转到提高质量和效益上来，着力激发各类市场主体发展新活力，着力增强创新驱动发展新动力，着力构建现代产业发展新体系，着力培育开放型经济发展新优势，使经济发展更多依靠内需特别是消费需求拉动，更多依靠现代服务业和战略性新兴产业带动，更多依靠科技进步、劳动者素质提高、管理创新驱动，更多依靠节约资源和循环经济推动，更多依靠城乡区域发展协调互动，不断增强长期发展后劲。

具体来说，中国特色社会主义要坚持走中国特色新型工业化、信息化、城镇化、农业现代化道路，推动信息化和工业化深度融合、工业化和城镇化良性互动、城镇化和农业现代化相互协调，促进工业化、信息化、城镇化、农业现代化同步发展。积极致力于全面深化经济体制改革，实施创新驱动发展战略，推进经济结构战略性调整，推动城乡发展一体化，全面提高开放型经济水平等重大领域的改革，打胜全面深化经济体制改革和加快转变经济发展方式这场硬仗，把中国特色社会主义经济发展活力和竞争力提高到新的水平。

四、加快推进社会主义文化强国建设，使人民精神生活更充实

文化是民族的血脉，是人民的精神家园。全面建成小康社会，实现中华民族伟大复兴，必须推动社会主义文化大发展大繁荣，兴起社会主义文化建设新高潮，提高国家文化软实力，发挥文化引领风尚、教育人民、服务社会、推动发展的作用。

人民生活水平的提高，不仅体现在基本生活条件的改善和物质生活水平的提高上，更应该反映在精神文化生活层面。文化是民族的血脉，是人民的精神家园。对于一个社会来说，文化是社会的灵魂，是社会稳定、和谐、健康发展并形成社会凝聚力的最基本的因素。对于一个人来说，文化则是人的无形血液，一个人发展成熟的最显著的标志不是他拥有多少钱财，不是他掌握多少社会资本，而是他有多高的文化修养。

建设社会主义文化强国，关键是增强全民族文化创造活力。要深化文化体制改革，解放和发展文化生产力，发扬学术民主、艺术民主，为人民提供广阔文化舞台，让一切文化创造源泉充分涌流，开创全民族文化创造活力持续迸发、社会文化生活更加丰富多彩、人民基本文化权益得到更好保障、人民思

想道德素质和科学文化素质全面提高、中华文化国际影响力不断增强的新局面。为中国特色社会主义提供思想文化的智力支持，关键是要加强社会主义核心价值体系建设，全面提高公民道德素质，丰富人民精神文化生活，增强文化整体实力和竞争力。

胡锦涛在党的十八大报告中指出：要为人民提供广阔文化舞台，让一切文化创造源泉充分涌流，要开创全民族文化创造活力持续迸发、社会文化生活更加丰富多彩、人民基本文化权益得到更好保障、人民思想道德素质和科学文化素质全面提高的新局面。

总之，我们一定要坚持社会主义先进文化前进方向，树立高度的文化自觉和文化自信，向着建设社会主义文化强国宏伟目标阔步前进。

五、加强以改善民生为重点的社会建设，构建社会主义和谐社会

社会建设是社会主义社会和谐稳定的重要保证，必须从维护广大人民根本利益的高度，加快健全基本公共服务体系，加强和创新社会管理，推动社会主义和谐社会建设。

首先，加强社会建设必须加快推进社会体制改革。要围绕构建中国特色社会主义管理体系，加快形成党委领导、政府负责、社会协同、公众参与、法治保障的社会管理体制，加快形成政府主导、覆盖城乡、可持续的基本公共服务体系，加快形成政企分开、权责明确、依法自治的现代社会组织体制，加快形成源头治理、动态管理、应急处置相结合的社会管理机制。

其次，加强社会建设必须以保障和改善民生为重点。提高人民物质文化生活水平，是改革开放和社会主义现代化建设的根本目的。要多谋民生之利，多解民生之忧，解决好人民最关心最直接最现实的利益问题，在学有所教、劳有所得、病有所医、老有所养、住有所居上持续取得新进展，努力让人民过上更好的生活。

"民生"是中国特色社会主义现代化建设的时代"最强音"。健全的社会保障体系是人民生活的"安全网"。健康则是国民素质的重要体现，关系到千家万户的幸福。所以，要在保证人民基本生活水平不断提高的基础上，着力加强以保障和改善民生为重点的社会建设，切实解决好人民最关心最直接最现实的利益问题，维护好最广大人民的根本利益，确保人民的社会保障权利、健康权利和受教育权利等得到享受。确保妇女儿童和残疾人权利得到更好保障，享受更完善的公共服务。

要把教育放在改善民生和加强社会建设之首，"努力办好人民满意的教育"，积极促进社会主义核心价值体系深入人心，提高公民文明素质和社会文明程度，为传承文明和文化、提升人民思想水平做保障，为人民心灵的和谐和生活的美好注入正能量。

此外，居住问题同样关系到广大人民群众最根本的利益。古语云："安其居而乐其业。"良好的居住和空间环境、人文社会环境、生态与自然环境，是人民追求的最佳生活环境。2009年至今，我们围绕"住有所居"和"城市化进程中人类住区的可持续发展"两大主题，在保障性安居工程建设，包括城镇地区的保障性住房建设、棚户区改造以及农村地区的危房改造、游牧民定居工程方面取得了巨大成绩。

2012年底，城镇和农村人均住房面积分别为32.9平方米和37.1平方米，分别比2007年增加2.8平方米和5.5平方米。党的十八大更是明确提出了"建立市场配置和政府保障相结合的住房制度，加强保障性住房建设和管理，满足困难家庭基本需求"的基本要求，这也成为了改善人民居住环境的又一福音。此外，便利的交通也成为人民群众"宜居生活"和"美好生活"建设中的一个重要环节。交通道路被形象地喻为"城市血管"，一个城市的交通状况体现着城市建设和管理水平的能力，其运行质量和运行环境直接影响着一个城市的经济社会发展。因此规范城市道路运输秩序，是宜居城市建设的基本要求，而有效维护道路交通秩序，也将使人民群众的生活环境更舒心，是人民生活更美好的基本条件。

总体来说只要全党全国人民行动起来，就一定能开创社会和谐人人有责、和谐社会人人共享的生动局面：努力办好人民满意的教育，推动实现更高质量的就业，千方百计增加居民收入，统筹推进城乡社会保障体系建设，提高人民健康水平，加强和创新社会管理。就像习近平总书记所说的："中国梦归根到底是人民的梦，必须紧紧依靠人民来实现，必须不断为人民造福。"同时，"人民对美好生活的向往，就是我们的奋斗目标"，所以，我们要做实实在在的事情，就是要为人民提供更好的教育、更稳定的工作、更满意的收入、更可靠的社会保障、更高水平的医疗卫生服务、更舒适的居住条件、更优美的环境，让人们能工作得更好、生活得更好。

六、大力推进中国特色社会主义生态文明建设，使人民生活环境更舒心

中国特色社会主义要实现永续发展必须要有一个健康良好的环境。所以，生态文明是关系人民福祉、关乎民族未来的长远大计。面对资源约束趋紧、环境污染严重、生态系统退化的严峻形势，必须树立尊重自然、顺应自然、保护自然的生态文明理念，把生态文明建设放在突出地位，融入经济建设、政治建设、文化建设、社会建设各方面和全过程，努力建设美丽中国，实现中华民族永续发展。

美丽中国的建设是人民美好生活的基础。"美丽中国"的提出，将党的科学理论大众化、通俗化，所以"美丽中国"绝不仅仅是一个政治词汇，而是全党全国人民必须为之不懈努力的一个宏伟目标，彰显了执政党治国理政的新理念。

近年来，我国单位国内生产总值能源消耗和二氧化碳排放大幅下降，主要污染物排放总量显著减少，森林覆盖率提高，生态系统稳定性增强，住区绿地率大大提高，人居环境明显改善。

此外，要坚持节约资源和保护环境的基本国策，坚持节约

优先、保护优先、自然恢复为主的方针，着力推进绿色发展、循环发展、低碳发展，形成节约资源和保护环境的空间格局、产业结构、生产方式、生活方式，从源头上扭转生态环境恶化趋势，为人民创造良好生产生活环境，为全球生态安全做出贡献。具体来说就是要优化国土空间开发格局，就是要全面促进资源节约，就是要加大自然生态系统和环境保护力度，就是要加强生态文明制度建设。